Philippe POTEL-BELNER

les descendants des tribus gauloises

(étude anthroponymique)

langue-et-histoire, volume 237

juin 2024

ISBN: 978-2-3225-4117-1

Édition : BoD - Books on Demand,
info@bod.fr
Impression : BoD - Books on Demand,
In de Tarpen 42, Norderstedt
(Allemagne)
Impression à la demande
Dépôt légal : juin 2024

<u>**déjà publiés aux éditions BoD**</u>

-volume 14: *dictionnaire étymologique de l' hébreu* (1ère partie: l' hébreu moderne), avril 2018
-volume 15: *dictionnaire des noms celtiques masculins de l' Antiquité*, novembre 2018
-volume 28: *noms de familles de France et d' ailleurs*, septembre 2014- mai 2021
-volume 44: *Sanskrit Etymological Dictionary*, june 2017
-volume 58b: *Welsh Etymological Dictionary*, January 2021
-volume 62: *les noms des chefs gaulois de la Guerre des Gaules*, juillet 2017
-volume 148: *dictionnaire étymologique des langues gauloises*, janvier 2018
-volume 176: *études historiques et philologiques II* (n°60 à 116- janvier 2015 à août 2016), mai 2021
-volume 177: *études historiques et philologiques I* (n°1 à 59 -2010 à fin 2014), octobre 2021
-volume 181: *études historiques et philologiques III* (117 à 180 - mars 2016 à 2021), juillet 2021
-volume 185: *sanctuaires et pèlerinages d' origine gauloise*, septembre 2020
-volume 186: *manuel de toponymie française, 1ère partie: les noms de cols*, octobre 2020
-volume 188b: *Old British Personal Names*, avril 2021
-volume 192: *dictionnaire du celtique ancien des manuscrits continentaux du Haut Moyen Age*, septembre 2022
-volume 218: *gloses en ancien celtique (2ème partie) et le gotique et son importance en philologie et en histoire*, mai 2023
-volume 232: *le très ancien français - l'origine de l'ancien français: le Haut Moyen Age*, novembre 2023

<u>disponibles auprès de l' auteur</u>
-volume 4: *la Première Histoire de l' Humanité*, juin 2012
-volume 5: *dictionnaire des mots de la langue gauloise (1ère partie)*, novembre 2012

CLÉS & CODAGES

*________________ = mot quasiment entièrement reconstitué
________________ * = mot dont seulement la flexion a été reconstituée; le
plus souvent, j' ai conjecturé une forme au cas sujet masculin singulier (ou à
l'infinitif pour un verbe) d'un mot qui présentait une flexion dans les gloses.
Le mot peut aussi avoir été relevé différent dans le texte, consécutivement à
une mutation phonétique, ou une *ablaut* (altération des voyelles d'un radi-
cal).
<   = vient de (phonétiquement)
>   = donne (phonétiquement)
= =   est phonétiquement équivalent à
>> en résumé arrive à
e/p = écriture / prononciation
 [......] utilisé par moi pour introduire une écriture phonétique, en général en
utilisant l' alphabet phonétique international.
adj = adjectif
adv = adverbe
prep = préposition
NM   = nom masculin
NF   = nom féminin
NN   = nom neutre
PPP = participe passé passif
Ppres = participe présent

ETN   = ethnonyme = nom de peuple
NL   = nom de lieu
NP   = nom de personne = anthroponyme
NR   = nom de rivière
ORN   = oronyme = nom de montagne
ND   = théonyme (nom de dieu)

FNM = First Name Masculine
FNF = First Name Feminine
PTN = patronyme

V: = selon l'étymologie védique

ancC= ancien celtique (appelé, je pense, à tort, "ancien irlandais")
got = gotique de l' Antiquité
ME = middle English = moyen anglais (XVè-XVIIIè s.)
MFR = moyen français (XVIè-XVIIIè s.)
MIr = moyen irlandais = irlandais médiéval (XVè-XVIIIè s.)
ordre des mots en gotique: þ = dd
prov = provençal *(in* "Lou Pichot Tresor")

prob. = probablement
càd = c'est-à-dire

Les dictionnaires de gallois et de gotique étant souvent en anglais, les traductions de ces langues sont, par conséquent, souvent données en anglais, pour
éviter des glissements de sens entre l' anglais et le français.

SOMMAIRE

PREAMBULE 2

bibliographie

Les commentaires et les évaluations sont miens, c'est-à-dire qu' ils sont considérés du point de vue d'un chercheur souhaitant comprendre le passage entre les langues antiques (grec, latin, gotique, ancien celtique) et les langues dites modernes (après le XVè s.). Ce chercheur doit donc centrer sa recherche sur le Moyen Age, le haut, comme le classique. Ces commentaires et ces évaluations peuvent également être considérés comme des conseils de lecture.

XXX = livre à déconseiller: reprise d'informations déjà existante, sources corrompues, ou autres...
*   = livre à feuilleter, et éventuellement à conserver
**   = livre qui constitue une bonne base de données, mais dont les interprétations et la méthode sont indigentes.
*** = livre renfermant des informations importantes OU / ET dont la méthode et la problématique peuvent faire progresser la science.

ancien celtique
<u>langue-et-histoire</u>
*****-volume 192**: *dictionnaire du celtique ancien des manuscrits continentaux du Haut Moyen Age*, septembre 2022
*****-volume 218**: *gloses en ancien celtique (2ème partie) et le gotique et son importance en philologie et en histoire*, mai 2023

***LEIA** = VENDRYES Joseph (1875-1960), BACHELLERY Edouard (...- 1988), LAMBERT Pierre-Yves, *lexique étymologique de l' irlandais ancien* (without E to L) éd. Dublin Institute for advanced studies (Irlande) & CNRS (France), de 1959 à 1996.
Très peu d' intelligence, dans ces volumes académiques.
Stifter = base de données concernant le codex de Milan, obligeamment mise en ligne par l' Université de Vienne (Autriche).
***STIFTER** David, *Sengoidelc, Old Irish for beginners*, Syracuse (New-York), Syracuse University Press, 2006
****THESAURUS PALAEOHIBERNICUS**, Volume 1 et 2, avec essais de traductions du celtique ancien et annotations de Whitley STOKES et John STRACHAN, Cambridge University Press, 1901 & 1903, 727 + 422 pages.

Le Thesaurus a l' avantage de réunir les gloses en ancien celtique...
*THURNEYSEN Rudolf, *a grammar of old Irish*, Dublin 1946.
*de VRIES Ranke, *a student's companion to old Irish grammar*, Burlington
(Vermont-USA), 2nd edition.

ancien français
<u>langue-et-histoire</u>
*****-volume 232**: *le très ancien français - l'origine de l'ancien français: le Haut
Moyen Age*, novembre 2023

****DAF** = GREIMAS Algirdas Julien, ***d**ictionnaire de l' **a**ncien **f**rançais: le Moyen
Age,* Paris, Larousse, 1992 (1ère éd: 1979)
****DMF** = *Dictionnaire du moyen français: la Renaissance*, Teresa Mary KEANE
& Algirdas Julien GREIMAS, Paris, Larousse, 1992
*****FG** = = GODEFROY Frédéric (1826-1897), *dictionnaire de l' ancien français
et de tous ses dialectes*, 10 volumes, de 1881 à 1902.
un ouvrage monumental.
*****FG** = GODEFROY Frédéric (1826-1897), *Lexique de l' ancien français (édi-
tion abrégée),* publié par les soins de J.BONNARD et A.SALMON, Paris, Cham-
pion, 2003, 633 pages.
Un abrégé du grand dictionnaire qui s' imposait, avec d' utiles
additions, mais qui, à mon avis, est trop succinct, surtout en ce
qui concerne les multiples phonétiques et orthographes de l' ancien français. Il manque également les mots non-traduits jusqu' à
présent, et d' une manière générale, l'ouvrage ne reflète pas suffisamment les incertitudes inhérentes à l' ancien français.
****LH** = Laurence HÉLIX, L' ancien français, morphologie, syntaxe et phoné-
tique, Paris, Armand Colin, 2018.
****FRANCISQUE-MICHEL**, *le Livre des Psaumes, d' après les manuscrits de
Cambridge et de Paris*, Imprimerie Nationale, 1876.
*****Moignet** = *Grammaire de l' ancien français*, Gérard MOIGNET, éd.
Klincksieck, Paris, 2017 (1ère éd: 1973).
ouvrage monumental, bien qu' incomplet, tant l' ancien français
possède encore de mystères.
*ZINK Gaston, *l' ancien français*, Paris, Que sais-je ?, 1987.
*ZINK Gaston, *morphologie du français médiéval*, Paris, PUF, 1989.

*ZINK Gaston, *phonétique historique du français*, Paris, PUF, 1986.
Les ouvrages de G. ZINK offrent peu d'intérêt.

français contemporain
Quelques ouvrages particuliers:
DAFP = *Dictionnaire de l' argot et du français populaire*, par Jean-Paul CO-
LIN (dir.), Paris, Larousse, 2010
DICTIONNAIRE étymologique de la langue française, par Bloch (1877-1937)
et Von Wartburg (1888-1971), Paris, Quadrige (PUF), 2002
NDE = *Nouveau dictionnaire étymologique*, par Dauzat, Dubois et Mitte-
rand, Paris, Larousse, 1964.
Utile base de données.

vieil anglais
***Clark Hall** = *a concise Anglo-Saxon Dictionary*, by John R. CLARK HALL,
New York, The Macmillan Company, 2nd edition, 1916 (1st edition: Cambridge University Press)
Eagles = *Old English Dictionary, the English language as spoken from circa
700 AD until 1100 AD*, by Matthew EAGLES, Croydon (GB), the Choir Press,
2nd ed. 2023 (1st ed. 2020).
Stratmann = *Dictionary of the old English language, compiled from writings
of the XIII, XIV and XV centuries*, by Francis Henry, ed.Kramer andBaum, Kre-
feld (Allemagne), 1867.

anglais
ODEE = *Oxford Dictionnary of English Etymology*, Oxford University press,
2010

gaélique
***Gaelic Dictionary*, Gaelic-English / English-Gaelic, Malcolm MACLENNAN,
Edinburgh (Scotland), 1925.
*MACBAIN Alexander, *an etymological dictionary of the gaelic language*, Stir-
ling (Scotland), 1911, 412 pages

gallois
<u>langue-et-histoire</u>

*****-volume 58b**: *Welsh Etymological Dictionary*, January 2021

*****RHYS JONES T.J.**, *le gallois, cours complet pour débutants*, traduction, adaptation et notes complémentaires de J-Y.PLOURIN, éd.Armeline, Crozon, 2000 (l'édition originale anglaise date de 1991)
****DICTIONNAIRE** *français-gallois, gallois-français*, Aberystwyth (Pays de Galles) 2000.
*****YGM** = *Y Geriadur Mawr*, by MEURIG EVANS H., THOMAS W. O., Llandysul (Wales), Gwasg Gomer, 2009 (1st published 1958)

langues gauloises
langue-et-histoire
*****volume 148**: *dictionnaire étymologique des langues gauloises*, Philippe POTEL-BELNER, St-Pair/mer, éd.BOD, janvier 2018.
Enfin un ouvrage qui fait un point scientifique sur la connaissance des langues gauloises et, en même temps, ouvre de nouvelles perspectives.

****LAMBERT Pierre-Yves**, *La langue gauloise*, Paris, Errances, 2002, 248 pages
Base de données seulement !
***XD1** = DELAMARRE Xavier, *Dictionnaire de la langue gauloise*, Paris, ERRANCE, 2003, 2ème édition: 2008
compilation des hypothèses académiques concernant les langues gauloises. Mais il ne suffit pas qu'une hypothèse soit rabâchée par des plusieurs générations successives et pendant plus d'un siècle, pour qu' elles deviennent des vérités. Toute la partie étayée par des noms de personnes est ridicule.

gotique
 ****A GOTHIC ETYMOLOGICAL DICTIONARY**, by Winfred LEHMANN, Leiden (Pays-Bas), éd.BRILL, 1986 (from Sigmund FEIST: *Vergleichendes Wörterbuch der Gotischen Sprache*)
Très utile...
****Gothic Grammar**, Wilhelm BRAUN (translated from the second German edition by G.H.BALG) , New-York, Westermann & co, 1883.
***the Gothic language**, Irmengard RAUCH, New-York, Peter Lang Publishers, 2011.

Compilation de ce qui a été dit sur le gotique, pleine de pédanterie et d' académisme, comme savent le faire les universitaires anglo-saxons. A grand renfort de schémas et de lois de machin... Aucune réflexion ou démarche scientifique.

grec ancien
***BAILLY A., *(abrégé) dictionnaire grec-français,* Paris, Hachette, 1901
*DELG = CHANTRAINE Pierre, *Dictionnaire étymologique de la langue grecque,* Paris, éd.Klincksieck, 1999 (1ère édition: 1968)
Peu d'intérêt.

irlandais médéval
Old Irish on line = dictionary Old Irish- English / English-Old Irish, mis en ligne par l' Université d' Austin (Texas, Etats-Unis)
 Très bonne et sérieuse référence, qui ne mélange pas l' ancien celtique et l' irlandais médiéval ! chose rare ! de plus, qui donne les occurrences et références de chaque mot dans les textes irlandais.

latin
***DICTIONNAIRE latin-français,* Henri GOELZER, Paris, éd. GARNIER, nouvelle édition ca.1970 (1ère édition 1928) (plus pratique que le Gaffiot)
**Félix GAFFIOT: *dictionnaire latin-français* (1934)
*DELL = ERNOUT Alfred et MEILLET Alfred, *Dictionnaire étymologique de la langue latine,* Paris, éd.Klincksieck, 2001 (1ère édition: 1932)
Peu d'intérêt

langue dite "romane"
***VV = VÄÄNÄNEN Veikko, *introduction au latin vulgaire,* Paris, éd. Klincksieck, , 2012 (1ère éd: 1963).
Très bon livre scientifique, au bon sens du terme. Malheureusement, il manque à M.Väänänen le recul nécessaire. Mais cela est propre à tout latiniste, comme tout sanskriste, car ces monuments linguistiques ne peuvent se comprendre qu' en les survolant.

sanskrit

***volume 44**: *Sanskrit Etymological Dictionary*, Philippe POTEL-BELNER, St-Pair/mer, éd.BOD, june 2017.

L' origine de toutes les langues !

***DSF** = Dictionnaire Sanskrit-français, par N.STCHOUPAK, L.NITTI et L.RENOU, Paris, éd.Maisonneuve 1932; tirage de 1987

**FILLIOZAT Vasundhara, *Eléments de grammaire sanskrite*, Paris ?, éd. Agamat, 2007 ?

***TB** = Theodore BENFEY, *a sanskrit-english dictionary*, New Delhi, éd. Asian Educational Services, 1991 (1ère édition: 1866)

Une autre manière d' aborder le sanskrit.

ouvrages généraux

<u>langue-et-histoire</u>

***volume 4**: *la Première Histoire de l' Humanité*, Philippe POTEL-BELNER, St-Pair/mer, à compte d'auteur, juin 2012

L' origine de toute l' Histoire !

Etymologisches Wörterbuch der indogermanischen Sprachen, herausgegeben and bearbeitet von Julius Pokorny, par Alois WALDE, Berlin & Leipzig, 1928-1932, 3 volumes.

xxx IEW = *Indogermanisches etymologisches Wörterbuch,* par Julius POKORNY, Berne & Munich, Francke Verlag, 1959-1969.

Les ouvrages de Pokorny, Benveniste et les autres, appartiennent à une autre époque, celle d'avant mes premiers ouvrages. Les informations véhiculées dans ces ouvrages sont fausses, embryonnaires ou caricaturales. Le problème est que ces ouvrages, faute de remplaçants, servent encore et toujours de références aux linguistes. A voir la manière dont mes recherches ont été accueillies, on comprend parfaitement les désirs d' immobilité du monde académique.

**HONNORAT Michel, *démonstration de la parenté des langues indo-européennes et sémitiques*, Paris, Librairie Paul Geuthner, 1933

Un précurseur à réhabiliter. Sa position avant-gardiste lui attira les foudres injustifiées de Joseph VENDRYES.

***IPT** = *International Philology and Theology / Philologie et Théologie Internationale*, revue mensuelle anglais-français, depuis 2019.

Histoire du Moyen Age

*****FAVIER Jean**, *Dictionnaire de la France médiévale*; Paris, Fayard, 1993, 982 pages

palaeo-ethnologie celtique

xxx -FICHTL Stephan, les peuples gaulois, Paris, éd. Errance, 2004.
Travail scolaire sans intérêt
****PJ** = Philippe JOUËT, *dictionnaire de la mythologie et de la religion celtique*, éd. Yoran Embanner, Fouesnant (Bretagne, France), 2012.
Ouvrage assez complet, mais qui présente des lacunes sur le plan linguistique et interprétatif (à quoi bon mettre Dumézil à toutes les sauces ? –son idée tripartite est un angle d' interprétation très partiel et superficiel. Cet angle est surtout pratique, pour ne rien dire d'important et de fondamental)
*****moreau** = MOREAU Jean, *dictionnaire de géographie historique de la Gaule et de la France*, Paris, éd.Picard, 1972
Référence sérieuse, sans interprétation, mais évite de longues recherches préliminaires.
***MOREAU Jean, *Supplément au dictionnaire*, Paris, éd.Picard, 1983
**PERSIGOUT Jean-Paul, *dictionnaire de mythologie celtique*, Paris, éd. Imago, 2009
Il est toujours intéressant de croiser ses sources.

anthroponymie

<u>langue-et-histoire</u>
***-**volume 15**: *dictionnaire des noms celtiques masculins de l' Antiquité*, novembre 2018
***-**volume 28**: *noms de familles de France et d' ailleurs*, septembre 2014-mai 2021
***-**volume 62**: *les noms des chefs gaulois de la Guerre des Gaules*, juillet 2017
***-**volume 188b**: *Old British Personal Names*, avril 2021

DNPF = *Dictionnaire des noms et prénoms de France*, par Albert DAUZAT, Paris, Larousse, 1976 (1ère édition: 1951)
Utile en tant que base de données
****XD2** = DELAMARRE Xavier, *Noms de personnes celtiques dans l' épigraphie classique*, Paris, ERRANCES, 2007
base de données intéressante.
DBS = *Dictionary of British Surnames* , by P.H. REANEY, ed. Routledge & Kegan Paul Ltd, second revised edition, 1976 (1st ed: University of Sheffield, 1958)
Seulement comme base de données !
morlet = *Dictionnaire étymologique des noms de famille*, Marie-Thérèse MORLET, Paris, éd. Perrin, 1991
Base de données comparable au Dauzat.
MTM = MORLET Marie-Thérèse, *les noms de personnes sur le territoire de l' ancienne Gaule* (VI-XIIè s.), 3 tomes, Paris, CNRS, 1985
Impressionnante base de données, malheureusement les inter-
prétations sont on ne peut plus académiques...et fausses !
****OSW** = OSWALD Felix, *index of Potter's stamps on terra sigillata*, East Bridgford (GB), 1931
Indispensable pour qui s' intéresse aux noms antiques, en met-
tant de côté l' absurde aspect "marques de potiers"
xxx-LEBEL Paul, *les noms de personnes en France*, Paris, PUF-Que sais-je ?, 1962 (1ère édition 1946)
Un tissu d'hypothèses, présentées comme des faits...
*-MADEG Mikael, *le grand livre des surnoms bretons*, éd. Emgleo Breiz, 2010.
Ces surnoms sont quasi contemporains... ils pourraient apporter de l'eau aux moulins des Lebel et autres, mais l'auteur, il me semble, ne fait aucune allusion aux noms de familles...Néanmoins, le sujet, qui concerne spécifiquement la langue bretonne, ne fait pas partie de mon champ d'étude, c 'est pourquoi "*".

toponymie   (ouvrages les plus fréquemment consultés)
<u>langue-et-histoire</u>

*****-volume 185**: *sanctuaires et pèlerinages d' origine gauloise*, septembre 2020

*****-volume 186**: *manuel de toponymie française, 1ère partie: les noms de cols*, octobre 2020

xxxBilly = BILLY Pierre-Henri, dictionnaire des noms de lieux de la France, Paris, éd.Errance, 2011

La montagne CNRS a accouché d'une souris, d'où mon évaluation défavorable !

***DAUZAT Albert**, *dictionnaire étymologique des noms de rivières et de montagnes de France*, Paris, éd. Klincksieck, 1978

Les mots hérités de notre passé n' ont pas encore été analysés scientifiquement. Dauzat ne représente que la première étape. Mes études en constituent la seconde.

****DAUZAT Albert** (2ème édition revue et complétée par CH. ROSTAING), *dictionnaire étymologique des noms de lieux en France*, Paris, éd. Guénégaud, s.d. (1ère édition: 1963)

Seulement utilisable en base de données.

xxxDELAMARRE Xavier, *noms de lieux celtiques de l' Europe ancienne*, Arles, éd.Errance, 2012

sempiternelle accumulation d' idioties héritées de générations d'académiques...

xxx-GENDRON Stéphane, *l'origine des noms de lieux en France*, Paris, éd.Errance, 2008

Très peu d'intérêt à cet ouvrage académique

***GENDRON Stéphane**, la toponymie des voies romaines et médiévales, Paris, éd. Errance, 2006

xxx-MORVAN Michel, *noms de lieux du Pays basque et de Gascogne*, Paris, éd. Bonneton, 2004

Je prends cet exemple parmi les centaines d'ouvrages régionaux que j' ai consultés. Comme chez tous les auteurs régionaux, il manque une vision diachronique et diatopique, ainsi qu'un questionnement scientifique...

****NÈGRE Ernest**, Toponymie générale de la France, 3 volumes, Genève, éd.DROZ, 1990-91

Utile base de données

*FALC'HUN François, *les noms de lieux celtiques*, 3 volumes, diverse éditions entre 1970 et 1982
*VIAL Eric, les noms de villes et de villages, Paris, éd. Belin, 1983
La démarche est scientifique, mais les connaissances en linguistique comparative (philologie) sont limitées, dommage !

INTRODUCTION

Après les nombreuses années pendant lesquelles j'ai opposé mon honnêteté intellectuelle face à la pusillanimité et aux faux-semblants du milieu soi-disant "intellectuel", une conclusion se fait jour: les hommes n'aiment pas remettre en cause leurs croyances. Ils aiment les solutions de facilité: profiter du travail de ceux qui les ont précédés sans jamais le remettre en cause.
Si un intellectuel se réclame de la Science et qu'il revêt ses attributs (diplômes, vocabulaire compliqué, réseau, etc...), c'est qu'il a obligatoirement raison.

Seulement, peu de sujets d'étude nécessitent autant de véritable attitude scientifique que la philologie (l' étude des langues quasiment disparues).
Nous sommes comme l'astronome s'interrogeant sur la marche et l'origine de l'Univers...
Est-il besoin de rappeler ce qu'est une attitude scientifique ?
- observation, description
- explication par hypothèses et comparaisons.
- éventuellement, établissement de règles, de lois.
Les linguistes sont restés coincés dans la phase "description", ils ont du mal à aller vers la difficile, polémique et hasardeuse phase "explication".
Il va pourtant bien falloir y aller, car l' immensité du passé inconnu est telle que les langues de nos ancêtres, les traces de leurs langues dans notre monde, et jusqu' à leurs mentalités, risquent de rester irrémédiablement inconnus... Je sais que les intellectuels actuels disent que les secrets du passé sont en train d'être révélés...ne croyez pas leurs forfanteries, un rapide coup d'oeil aux noms individuels ou aux noms de famille, aux toponymes, aux signfications des religions et de leurs rites montre à tout homme honnête qu'il n'en est rien et qu'aucun chemin, à part le mien, n' est en train d'être ouvert.

Particulièrement depuis le développement de l' administration de la culture, il y a un peu plus d'un siècle, l' histoire et la compréhension des langues anciennes ont rapidement évolué vers l'académisme qui se doit de répéter continuellement les mêmes postulats, installant progressivement un discours à l'indicatif au lieu des modes subjonctif et conditionnel de la langue française, que réclamerait une véritable attitude scientifique.

Les milieux académiques ne tolèrent aucune critique, aucune contradiction. C'est simple, depuis mes premiers travaux, jamais je n'ai pu échanger quoi que ce soit avec le milieu qu'il faut appeler "le milieu professionnel" de la recherche. C'est ce qu'on appelle une chasse gardée, une caste jalouse de ses privilèges.

Cette introduction, pour expliquer l'ampleur et la difficulté de la tâche que je commence ici: avant de mettre au jour les découvertes que j'ai effectuées, il va me falloir montrer que les intellectuels qui se sont penchés sur les deux sujets composant mon questionnement -les noms de personnes et les ethnonymes — se sont trompés.

Ensuite, je donnerai un <u>extrait</u> de mes découvertes concernant la survivance des premiers anthroponymes de notre région appelée naguère la Gaule.

Préambule:

1- ignorance de la phonologie des anciennes langues
> 1a- phonèmes gutturaux (de l' assemblage)
> 1b- la fricativité du souffle
> 1c- l'origine dentale de nombreuses sifflantes
> 1d- la systématisation des aphérèses
> 1e- amuïssement des voyelles d'un mot
> 1f-alternance des labiales

2- ignorance des noms de peuples gaulois

3- ignorance des systèmes anthroponymiques humains
> 3a- critique du livre *Les noms de personnes en France*
> 3b- ignorance ou du moins oubli des manières d'exprimer l' action
> de descendre d' un ancêtre ou d' être parmi sa filiation

1- ignorance de la phonologie des anciennes langues

Puisque je suis dans l'examen des fondations, il est nécessaire de mettre noir sur blanc la réalité actuelle des connaissances linguistiques des langues anciennes.

Encore un sujet nécessitant, plus que tout, une attitude scientifique, puisque les phonèmes sont perçus uniquement d'après leurs transcriptions par des écritures variées, absconses et souvent inexplicables.

Les intellectuels ont eu tendance à ne prendre en considération que ce que les anciens grammairiens (sanskrits, grecs, latins) ont pu écrire, du moins, ce qui a survécu après les millénaires.

Même si leur apport est évidemment utile, il faut rappeler premièrement, que ces renseignements ne concernent souvent que la langue écrite, deuxièmement, que ces périodes anciennes se caractérisent par les balbutiements de la Science, aussi bien à cause des mentalités que des moyens d'information rudimentaires.

Pour l' Antiquité, trois langues sont relativement connues: le sanskrit, le grec et le latin. On peut ajouter, dans une moindre mesure, l' avestique (persan), le gotique et l' araméen.

Pour la région qui nous intéresse - l'Europe du nord-ouest- il semble que seul le gotique pourrait nous être d'une quelconque aide.

Il faut écarter les langues gauloises ou les langues dites "romanes" (dites aussi "latin populaire" OU "tardif" OU "bas latin") qui sont des phantasmes, et des alibis pour tout faire découler de l'unique latin... Ces langues sont trop peu documentées ou expliquées (n'en déplaise à certains !), les exemples de langues romanes ne sont, la plupart du temps, que des suppositions, pour ne pas dire des fantaisies...

De plus, la seule langue dite "celtique", proche de l' Antiquité – l'ancien celtique des manuscrits du Haut Moyen Age- n'a pas été étudiée scientifiquement; c'est-à-dire que les premiers linguistes du début du XXè s ont amalgamé cette langue avec un irlandais médiéval quatre OU cinq cents ans plus tardif.

J'ai moi-même étudié scientifiquement cette langue et montré l'impasse dans laquelle nous avaient conduit ces premiers errements; mais les linguistes

n'aiment pas la critique, et ne se sentent pas le courage de refonder cette
étude, ce qui bouleverserait leurs confortables habitudes...
Néanmoins, l' ancien celtique du Haut Moyen Age montre des liens beaucoup
plus étroits que l' on pensait avec le latin, ce qui fait du latin une des langues
utiles au déchiffrage des langues celtiques antiques, celles qui nous intéres-
sent présentement.

J'ai également montré dans mes nombreuses études que les langues ne sont
pas dues au hasard. Il y a derrière les mots et les phonèmes une volonté
d'exprimer l' ordre de l'Univers que la religion a établi à partir de l' observation du monde.
Pour résumer: toutes les religions se réfèrent aux deux puissances que sont le
jour et la nuit, la vie et la mort, l' homme et la femme, le pénis et l'utérus.
Le monde fonctionne sur un mode duel (deux yeux, deux astres, deux
jambes). La vie n'est que la combinaison (l' assemblage) de ces deux forces.
Les phonèmes fonctionnent aussi par paires.
Il s'agit d'une révolution dans notre manière d'appréhender les langues anciennes: chaque mot à une signification précise ramenée au fonctionnement
général de l' Univers. J' appelle cette signification "un concept linguistique".
On peut retrouver celui-ci dans toutes les langues.

Je développe particulièrement depuis quelques années, un étude des phonèmes gutturaux, qui semblent particulièrement complexes en Europe occi-
dentale.
Vous trouverez ci-dessous un extrait de mes découvertes:

1a- ignorance de la phonologie ancienne: les phonèmes gutturaux de l'assemblage:

25

170- *Aregenua*, une autre hypothèse

249- le nom de lieu *Cénevières*

250-extension du paradigme d' *Aregenua*

255- *Aregenua* en Allemagne

256- Aregenua en GB > non-publié

440- un nouveau mot de la langue gotique RINNO = passage, pont ?

-suite du préambule 1 sur Aregenua:
regina / reine
Aregenua == Caen

170- *Aregenua*, une autre hypothèse

Publié en novembre 2021.

En octobre 2013, dans mon étude 26, j' avais déjà mis à mal la localisation traditionnelle de l' *Aregenua* des Viducasses à Vieux (Calvados), mais j' ai peu commenté le mot lui-même, me contentant des explications "officielles", déblatérées depuis un siècle (voir X. DELAMARRE).
Après un dernier "coup de sang" dans mon étude 162, il me semble enfin nécessaire de revenir sur de nouveaux éléments linguistiques essentiels.

Nous pouvons abandonner l' hypothèse infantile, relayée par Delamarre, d'un *are-genua* = près de l' embouchure, avec *are* = près de ET *genua* = embouchure.
La raison est linguistique: l'étymon REG dans *Aregenua* est présent dans de nombreux autres mots, sans que /RE/ (are) ne signifie "près OU devant".
D' autre part, mes études sur le phonème guttural Ṛ ont montré qu' il fut aussi prononcé (et écrit !) Rg, le son "g" étant la jonction entre Ṛ et un phonème du mouvement (labiale) qui suit.
Comme d' autre part, il s' avère que de nombreuses traces écrites gauloises (OU gallo-romaines ?) montrent une "décomposition" des syllabes, favorisant, semble-t-il, une meilleure compréhension des mots; il me semble que *Aregenua* peut, raisonnablement, avoir été prononcé à l' époque *[rgenua]*, ce qui a donné plus tard (ou ailleurs ?) > *Genève* (Suisse) OU *Genova* (Gênes, en Italie).

L' étymon **REGEN** dans les NL:

Regnéville (Manche)(Beaurepaire: fin du Moyen Age: *Reniervilla, Regnerii villa, Renirville*).
L' hypothèse qui fait de Regnéville, le domaine de *Ragenhari-us,* ne tient pas, d'une part parce que *uilla* = domaine agricole, ne se retrouve que rarement en toponymie, puisque le mot latin n' est pas à l'origine du français *ville* !
(voir gaélique: *baile*); et d' autre part parce que Regnéville se situe exactement près de l' embouchure de la Sienne. La ville fut d' ailleurs un port assez important (industrie de la chaux).
Peut-être *Reigneville-Bocage* (Manche) (Beaurepaire: *Runevilla* 1105).
Reignac, Regnauville, Regnéville –sur-Meuse, Regney, Régnié, Regnière-Ecluse, Regniowez, Regny, Régny, Réguiny, Reigny, etc...

Rignac, Rignat, Rignaucourt, Rigney, Rignieux, Rignovelle, Rigny, etc...

Argentan, Argenteuil, Argenton, Argancy, Aregno, Aragnouet, Aragon, Arcenant, Archigny, Archon, etc...
(voir volume 148, gaulois: *argentos, argennos*)

traces d' une ancienne prononciation dans le breton **argoad** et **armor**:
voir étude n° 169.

significations de l' étymon **REGEN**
Dans la langue védique, le phonème Ṛ OU Ṛg OU **Reg** signifie "assembler",
c'est-à-dire: /unir/protéger/réussir/rejoindre/réparer/faire l'unité/etc... (voir
aussi all: *reich* = riche, *Reich* = empire, etc...)
L' élément /*en*/ < ann == and == atta = faire aller en avant > 1- agentif > 2-
vers le haut / au-delà/ au loin/etc...
 Dans l' allemand *regen* = pluie, parce que la pluie "fait (en) l' assemblage
(reg)", c'est-à-dire "elle produit la continuation de la vie, en nourrissant et en
emportant dans le courant descendant".

rgen dans le gallois *genau* = bouche < rg-ena-u = qui fait (ena-u, comme
skr: anu) l' assemblage (rg), avec peut-être une connotation "vers l' avant /
vers l' extérieur".

Aregenua < areg-en-ua = qui munit (ua) de l' assemblage (areg) au-delà/
au loin (en).
Comme le gaulois *argenn-os, Aregenua* signifie souvent en toponymie "le
passage, le pont".
Ce sens est particulièrement évident pour *Genève* en Suisse et pour *Regnéville* dans la Manche.
En effet, mes études archéologiques de la région montrent qu' à cet endroit
à probablement existé un pont de la voie qui menait à l' antique cité de la
côte, située au large de Blainville-sur-mer.
Les modifications du tracé littoral au fil des siècles, mises en évidences par les
vestiges de pêcheries côtières, montrent que Regnéville se trouvait sans

doute à plusieurs kilomètres de la véritable embouchure de la Sienne, en un lieu propice au franchissement de la Sienne.

On retrouve ce sens de "passage, pont, franchissement" dans de nombreux noms de lieu:

(le sens de "à l'embouchure" peut toujours exister, mais il est probablement rarissime)

La véritable *Aregenua* est située sur un lieu de franchissement peu éloigné de l' embouchure de l' Orne, près de Blainville sur Orne.

Argenton = pont sur la Creuse.

Argentan = pont sur l' Orne.

Argentat = pont sur la Dordogne.

Rigny-Ussé = pont sur l' Indre.

Les deux *Rigny* de la Meuse franchissent des rivières.

etc...

autre série toponymique: ***agen / agin / agon***

Suivant les régions, les peuples et les techniques de transcription des sons (écriture), ***aregen*** = qui fait l' assemblage vers le haut / au-delà, a donc pu être prononcé et écrit: ***rgen / regen***... ce à quoi il faut ajouter une autre alternance pour le phonème *rg* > ***arg / ag***. Cette alternance est observable dans de nombreux cas: l' appel d' air nécessaire à la prononciation du phonème est souvent transcrit par une voyelle: u / a / etc... (parfois même par une voyelle renforcée par un "h" !) > arg / ag / ug / urg / etc... voir, par exemple, dans mon volume 148, gaulois: *agon* = pointe.

Cette série est très nombreuse en France:

Agen, Agencourt, Agenville, Agonnay, Achen (Moselle, *Achkena* en 1271), etc...

Les toponymistes avaient jusqu' à présent "expliqué" cette série par:

Agen (*Aginnon* chez Ptolémée au IIè s.) < Dauzat: "probab. d' un gaulois *aginn- = hauteur, peut-être pré-celtique (cf gaulois *agannus* = rocher, chez Dottin) " (<u>**note 1**</u>). Repris allègrement par Delamarre...

P-H. BILLY (p 47) préfère " est issu de la racine indo-européenne *AK = aigu, pointu; pierre".

Tous ces auteurs n' ont aucune connaissance propre, ils ne font que répéter quelques infimes éléments mis en évidence par les premiers chercheurs du XIX è s. Aucune réflexion au sujet des prononciations, des dérivations et des significations des langues: je l' ai déjà dit: ils représentent le degré 0 de la recherche en histoire des langues (philologie). En espérant, avant que l' homme ne soit réduit à une machine obéissante, qu' il puisse atteindre un niveau 1, en philologie et en histoire...

Agencourt < Dauzat: < "du nom d' homme germ. *Ingin et du latin *cortem* = domaine".

A remarquer la dérivation (qui complexifie un peu plus le problème !) *Agincourt > Engincourt* au XIIè s; c'est ce qu' on appelle, <u>d'une manière très schématique</u> , une nasalisation...

Achen (*Achkena*) < Dauzat: "prob. nom d' homme germ. *Askin*, de *ask* = frêne". (!!!)

(**note 2**)

On retrouve l' étymon *rghai* dans le FR: un ***gué*** < qui assemble au-delà (hai). Différent du latin *uadum* = gué < va-add = qui fait aller (va) au-delà (add).

Voir aussi l' all: *GEHEN* (rge-hai-en) = aller en avant.

Un ancien mot des langues antiques ***Ṛi*** (R-ya = qui fait (ya) l' assem-blage(R))(== Ṛgi) signifiait "pont, voir le ***Rialto*** à Venise = le grand (alto) pont (ri).

FR/latin: *arche / arc-us*.

Voir aussi russe: *archine* = ancienne mesure de longueur; comme toutes les mesures de longueur < "qui assemble au loin".

angl: *to reach* = atteindre < Ṛ-yatsa = assembler (R) au-delà / au loin (yatsa).

skr: *gati* (==*rgati == *rganni) = voie, cours, destination, salut.

japonais: *harigato* = merci.

note 1: Dottin a écrit en réalité *agaunum* = rocher, d' après les mots de glos-saire: *agaunum* = saxum ET *agaunus* = petra.

note 2: à cette série, il faut ajouter la prononciation [ahun] == [aṛun] == [ar-gun]== [agun] == [agien]

L' antique ***Acitodunum***, auj. **Ahun** (Creuse), comme je l' ai écrit dans mon vo-lume 148, signifiait **la ville du passage / du pont** (sur la Creuse) < *acito* == arc-yatta = qui assemble (arc) au-dela (yatta; *yatta* est équivalent à *yanta / yanna*).

Acito dunum est devenu *Ahun* au XIIIè s., sans forme intermédiaire (à ma connaissance).

Il y a fort à parier que la ville s'est appelée durant cette période intermédiaire *Argun* = le Pont, dans laquelle l' ancien phonème guttural [rg] s'est transformé en [h] guttural.

Au sujet de *Acitodunum*, la posture de myopie et de surdité adoptée par Delamarre, Billy et les autres, est manifeste: comme je l ' ai expliqué dans mon volume 148, le gaulois *dun* est une autre prononciation/écriture de l' angl: *town* = ville ! Lisez leurs élucubrations, c'est une franche rigolade...

A noter que **[agien]** explique aussi le NL: ***Gien*** (Loiret, Nièvre).

Dauzat cite pour ce nom de lieu *Giomum* au VIè s. Affirmation qui nécessiterait quelques vérifications...

Gien (Loiret): au XIè, *Geone*; au XIIIè, *Gian*.

Gien (Nièvre): au XIVè s, *Joen*.

Billy, mentionne, avec raison, le rapprochement qu' ont fait certains toponymistes entre *Gien* et la capitale antique *Cenabum* (en latin !). La parenté entre *Cenabum* et le gaulois *genua* de *Aregenua* est évidente (les labiales *b* ET *u* sont alternantes dans les langues anciennes, d'autant, qu' ici, le suffixe locatif latin *–um* renforce le phonème)... mais cela vient contredire les élucubrations des celtologues, qui le traduisaient, jusque là, par " estuaire" ! A cela, les étymologistes (dont Billy) ont trouvé la parade en trouvant le gallois *cnaif* = petit ruisseau... lire la suite chez Billy (lamentable... son seul argument, c'est qu' il est au CNRS !).

Quant à ***Orléans***, un toponymiste intelligent saisit immédiatement la parenté avec *Arles*... = le Passage, le Pont , comme le FR: *relation* (voir plusieurs de mes études). Laissons Mr Billy, avec ses *Aurélien*...

(Orléans < ṚL-ants = qui fait (ants) l' assemblage (RL) OU qui assemble (RL) au-delà (ants)).

249- le nom de lieu *Cénevières* (suite de l' étude 170- *Aregenua*, une autre hypothèse)

Publié en janvier 2022.

Je reviens sur les différentes écritures et prononciations du nom de lieu gaulois *Aregenua*.

Dans l' étude référence, je passais en revue les différentes manières d' écrire et de prononcer ce concept de "faire l' assemblage" OU" faire l' assemblage au-delà"; concept souvent utilisé en toponymie dans principalement deux cas:

-le premier cas est extrêmement courant, il s' agit de nommer **un passage, un pont** (à travers OU au-dessus d' une rivière).

-**un estuaire**, puisqu'il désigne le lieu d' <u>assemblage</u> d' un fleuve à la mer; c'est-à-dire, dans la mentalité ancienne, la transformation de ce qui est multiple (les rivières) à l' unité primaire (la mer).

La complexité, des langues et des peuples, a fait que les deux éléments linguistiques nécessaires à l' expression de ce concept (dans cette construction précise) ont été écrits et prononcés de multiples manières:

j' ai cité, entre autres, *arg-annt / rg-annt / reg-annt / rc-annt / c-annt /* etc...

en général, le suffixe agentif est *-ua*, phonème labial du mouvement; voir le sanskrit pour son rôle en tant que suffixe agentif (-va- / van / etc...).

J' ai cité en exemple l' antique cité de *Cenabum*, telle qu' elle est citée, par exemple, par César, égratignant au passage la théorie loufoque qui fait Orléans de *Cenabum* !

En linguistique ancienne, rien ne disparaît, à la rigueur tout se transforme...

Un nom de capitale gauloise ne disparaît jamais (à part les sites recouverts par la mer ou par les fleuves...).

Cenabum < rc-anna-ua + suffixe locatif latin *–um* = aujourd'hui: *Giens* = pont, passage.

Un autre exemple, est aussi clair:

Cénevières (Lot), lieu de franchissement du Lot.

Dauzat: "de l' ancien provençal *sénevé* = moutarde sauvage et suffixe (–ière)".

J' ajoute que *–ière / -ère* est un suffixe locatif français.

Ce nom de lieu, est, par exemple, absent dans le livre de Pierre-Henri BILLY, qui ne présente de toutes les façons aucun intérêt.
GENDRON copie Dauzat avec sa moutarde, et cite une forme de 1287: *Senebrieras*, (les formes médiévales sont très sujettes à caution, pour de nombreuses raisons...), probablement citée par Nègre, dont je n' ai pas le temps d' ouvrir son ouvrage, par ailleurs seulement utile pour son recensement des formes anciennes...
Voir **note**

Donc, pour Dauzat, *Cénevières* doit son nom à la moutarde sauvage qui y poussait...
Cette "enfantillage" pourrait faire sourire, si les livres de Dauzat, et des autres (voir ceux cités plus haut), n' étaient pas considérés actuellement comme des bibles de la langue française...

Pour ceux qui ne sont pas familiers de l' histoire des langues, petite explication sur le "passage" du phonème **[k]** au phonèmes **[j]** OU **[s]**, comme *Giens* et *Cénevières*.
L' élément *annt* suivant les époques et les peuples, s'est prononcé plutôt *hannt* , mais aussi *iannt*.
Ce qui donna *G-annt > Giannt > [gjannt] > [jiens]*
OU *K-annt > kianna > kjanna > kshanna > sanna*. Il existe le même phénomène pour le prénom gaélique *Sean* qui est la version gaélique phonétique de *Jean / john* ! Voir aussi, par exemple, les noms des potiers de La Graufesenque, etc...
La meilleure observation linguistique à travers l' espace et le temps est celle des prénoms et des noms de famille. Tout simplement, car cette observation est peu influencée par l' effet de source: même dans certaines civilisations "non-écrites", comme beaucoup de celles de l' Antiquité, c'est bien le diable s' il n' a pas été conservé quelques noms, dans la pierre OU dans la mémoire collective...

note: j' avais omis de citer l' explication que Delamarre donnait à *Cenabum*, dans son livre sur les noms de lieux celtiques (omission qui s' explique seulement par la flemme d' ouvrir son livre, que j' ai malheureusement acheté...)
"peut-être *ci-nabo-* = l' Omphalos, sorte de centre religieux (?) avec *ci-* topique et *nab* < *nobh ou nab (apophonie secondaire)..."

... il serait temps que ce monsieur se mette à un réel travail de recherche (scientifique).
...redoublement conseillé...

33

250-extension du paradigme d' Aregenua (suite des études 170 et 249)

janvier 2022.

Dans les études précédentes, j' avais listé une partie des écritures et prononciations du mot **Aregenua**: *arg-annt / rg-annt / reg-annt / rc-annt / c-annt / etc...*

Ces mots peuvent se doubler de diverses prononciations et déformations parallèles:

- pour **Giens** *< G-annt > Giannt > [gjannt] > [jiens]*
- pour Cénevières *< K-annt > kianna > kjanna > kshanna > sanna*

Plusieurs séries toponymiques s'en trouvent clarifiées: Genève, Regnéville, Rigny, Cénevières, Argentan, etc...

Il s' agit donc d' une étymologie extrêmement abondante en France, et généralement en Europe (j' y reviendrai). Le sens de "**faire l' assemblage**" ET "**assembler au-delà**", qui s' applique parfairtemnt aux ponts, gués et passages, justifie sa fréquence. Une signification connexe "estuaire, embouchure" est beaucoup moins répandue, mais existait probablement.

Aux exemples précédents, on peut ajouter le mot ***gene** qui peut être < rG-iena-ya = qui fait (ya) l' assemblage (rG) au-delà (ian == yannt). Dans le même paradigme, en français: *genou* < qui fait l' assemblage vers l' avant; *un gène, etc...*; avec le sens / vers le haut: *un génie* (il n' y avait que deux directions dans les langues anciennes: vers l' avant / vers le haut >< en arrière / vers le bas).

NL: *Gennevilliers* = la ville du passage, du pont; *Genillé* (le lieu du passage, du pont); *Génicourt* (la ville du passage, du pont), etc...

L' étymon est évidemment beaucoup plus complexe qu' il n' y paraît, puisque la construction ""**faire l' assemblage**" ET "**assembler au-delà**" possède maints sens supplémentaires:

3- assembler vers le haut = montagne. Voir oronymes: *Pech de Genièvre* (Aude), *Capo al Ginabra, Cima al Ginèbre* (Corse), *Pic de la Ginèvre* (Ariège), Pif de la Gentiane (gent + suffixe agentif *–iana*).

Ces oronymes présentent souvent la finale *–re* OU *–bre* OU *–vre*. On peut brièvement y voir soit le suffixe agentif *-ur*, fréquent en français *(-eur)*, OU un suffixe locatif (*-ur*) OU un élément signifiant "grand, haut", comme skr: *uru* = grand, excellent.

4- assembler au-delà = le col. Voir mon volume 186, auquel on peut ajouter:
col du Mont Genèvre, ici, le mot *mont* signifie "chemin", voir gaulois *mant* =
chemin (vol. 148) > "chemin qui fait l' assemblage au-delà".
-*col du Génévrier* (Hte-Savoie), etc...
-col du Chêne, etc...

5- assembler vers l' avant / au loin = le chemin.
Nombreux toponymes, souvent difficiles à démêler des "le Passage, le Pont".
Parmi ces hodonymes (noms en rapport avec les routes), il existe des formes
déformées: **la Chaîne**, **le Chêne, la Chênaie**, etc... Voir FR: *une chaîne*
(*chaeine* en 1080).
Pour Dauzat: " du latin *catena* = chaîne, lien.
Rétablissons une étymologie scientifique: le français *chaîne* peut être compa-
ré au latin *catena*.
catena < K-atta-ina = qui fait (ina) assembler (rK) au-delà / vers le haut / in-
tensivement / excellemment (atta).
chaîne < rK-jana < rK-iana.

255- *Aregenua* en Allemagne

janvier 2022.

Je rédige ici la suite logique de mon travail commencé avec l' *Aregenua* des *Uiducasses,* avant que certains plagiaires ne fassent croire que cette découverte est la leur...
En théorie, on pourrait multiplier les articles: *Aregenua* en Amérique du sud, *Aregenua* en Afrique, etc... la langue védique est à l' origine des langues du monde.
Je vais aller au plus facile: j' ajouterai *Aregenua* en Grande-Bretagne, et je vous laisserai écrire la suite, vous, mon lecteur, ou vous, mon plagiaire.

Je propose ici seulement un rapide tour d' horizon des dérivations d' *Aregenua* en Allemagne.
Je rappelle la construction védique: Ṛg-ann-ua = qui fait (ua) l' action d' assembler (RG-ann), mais également avec la fabrication d'un mot *ann- / iann-* signifiant "mouvement intensif / loin / au-delà" > Rg-ann-ua = qui fait (ua) l' assemblage (Rg) au-delà (iann).

Plusieurs exemples existent en Allemagne:
Regensburg, sur le Danube. Probablement "la Ville du Pont" < Rg-ann-s-burg = ville (burg) du pont (Rg-ann). Le "s" est probablement ce qu' on appelle "un locatif de relation", comme le *'s* anglais; à moins que l' élément *ann* se soit prononcé *ants*, puisque, dans les langues anciennes: ann == antt == ants.

En Autriche: **Reichenau an der Rax** < Rik-shann-ua < Rik-iann-ua = qui fait (ua) l' assemblage (Rik) au-delà (iann).

En Autriche, un **Reichenau** illustre un autre sens du celtique *Aregenua.*
Il s' agit de l' île de *Reichenau* sur le lac de Constance.
Ce qui compte en toponymie, ce sont les phonèmes, leurs prononciations et leurs évolutions; mais c' est aussi la mentalité religieuse ancienne. La preuve en est ce nom d' île.
Reichenau < Aregenua = le pont, l' estuaire, éventuellement le chemin, etc... tous des concepts qui correspondent à "qui fait l' assemblage", qui réunit deux OU plusieurs parties en un OU ce qui fait l' unité...

Dans la mentalité ancienne, l' île est le symbole l' *assemblage féminin*. On ne compte plus les rites féminins en rapport avec les îles.

Les noms d' îles comme *Santa Maura*, par exemple, attestent de la présence d'un culte à la féminité.

L' île **assemble**, car elle garde à l'intérieur, comme un placenta, comme une matrice. Elle est une, elle est solitaire, isolée.

Dans la mentalité ancienne, l' **assemblage** est à la fois celui de la maternité et à la fois celui de la mort. La mort, qui est l' hiver de la vie, le trait d'union entre la chute et la renaissance.

île de *Reichenau* < Ṛg-iann-ua = qui fait l' action d' assembler (à l'intérieur).

A l' origine, l' assemblage est intérieur et vers le bas; mais les hommes ont souhaité aussi mettre en valeur le rôle de l' Aurore, l' accoucheuse de Soleil, qui, elle, **assemble vers le haut**, vers la joie.

On retrouve dans la construction védique *Rg-iann* le grec: *genos* = naissance; le deuxième sens de *genos* = race, famille, etc... est fidèle à sa signification première   < Rg-iann = qui fait l' assemblage.

Egalement *gunê* = femme. < RG-uanna-ya = qui fait (ya) l' action d' assembler (RG-uanna), mais il y a aussi une influence de l' étymon *uana* = eau...

Une autre construction existe:

Birkenau: il en existe plusieurs exemples. On y reconnaît *rkenau* OU *kenau*.

Immédiatement, un parallèle avec un toponyme signifiant "grand pont" / "grand passage" parait évident.

Le préfixe intensifiant sanskrit *vi-* pourrait l' indiquer; mais sa présence dans les langues européennes n' est pas aisée à démontrer... mon travail est déjà qualifié de "non-universitaire" et "non-gouvernemental", "de "source de mauvaise qualité", et j' en passe... j' ai donc intérêt à ne fournir que des renseignements inattaquables.

Il existe un étymon "européen" OU "celtique" - si vous souhaitez cette dénomination mise à toutes les sauces -

big, comme l ' anglais.

L' *Oxford Dictionary* nous dit que personne n' a trouvé d' étymon l' expliquant. Pourtant, il cite un sens du XVIè s: "of great bulk".

Le mot *bulk* est précisément un cognat de *big*. Le phonème g == rg == lg.

bulk == big < abha-ya- Rg = qui assemble (Rg) vers le haut / vers le loin (abha-ya OU abha-ua, qui ont le même sens). (d' ailleurs la même construction que all: *berg* = montagne !)

bir-rkenau = le Grand (bir) Pont (rkenau).

Birkenau près de Darmstadt (Allemagne) sur la rivière Weschnitz.
Birkenau, nom allemand de la ville polonaise de *Brzezinka* (Pologne), là où se
situa un camp de concentration nazi, au confluent de la Vistule et de la Sola
(cf *Wiki*). Est-ce un lieu de passage ancien ? Je ne sais...
Peut-être peut-on ajouter parmi les sens du celtique *Aregenua* , le sens de
"confluence", car *la   confluence* est l' assemblage de deux rivières en une
seule rivière, typique du concept ancien de l' assemblage.
Il y a de quoi perdre la tête ? les langues anciennes sont un foisonnement.
Très loin de ce que veulent nous faire croire quelques faux savants simplifica-
teurs, sous leurs dehors scientifiques et élitistes.
Je vous conseille d' ouvrir un des dictionnaires de sanskrit, celui de Monier-
Williams, de BENFEY, ou celui édité par Maisonneuve: vous verrez alors la
multitude de sens que les mots d' une langue peuvent posséder. Et encore,
ces dictionnaires ont-ils essayé de faire court. Et encore, le sanskrit qu' ils re-
censent n' est que celui qui a subsisté par écrit, il ne tient donc pas compte
du sanskrit védique d' avant l' écriture, il ne tient pas compte non plus des
langues locales à l'origines du sanskrit, ou de ses dérivations locales...

En passant, je tiens ici à rassurer les toponymistes français, car leurs homo-
logues polonais ne sont pas plus avancés qu' eux: *Brzezinka* signifierait
"bosquet de bouleaux" (cf *Wiki*), hypothèse qui vaudrait éventuellement
quelque chose si le bouleau était un arbre rare en Pologne !
Tiens ! je me suis fais de nouveaux ennemis, les toponymistes polonais, cela
me manquait...
Quelle pitié ! cela éveille de nombreux échos en France. J' essaierai pour la
millième fois de tenter de les faire réfléchir: si dans un nom de lieu on entend "boulo", il est l' écho de mots anciens qu' il s' agit avant tout de réperto-
rier:
1- Il y a les mots connus:
bouleau = l' arbre; *boulot* = petit et rondelet; *boulot* = travail; *boulotter* =
manger; *bulot* = coquillage, etc...
2- il y a les mots qui présentent des formes phonétiques équivalentes:
b / p / v > par exemple: *pilot* = gros pieu; angl: *pillow* = oreiller; etc...
l == rl == r > par exemple: *bureau*, etc...
3- il y a les mots disparus dont on peut trouver les traces en anthroponymie,
en toponymie, etc...c'est le domaine de la philologie.

Ensuite, il importe d' examiner sous un angle logique les différentes possibili-
tés, et ne retenir que celle(s) qui ont du sens. Vous pouvez d'ores et déjà
éliminer tous les NL du style: *la Pommeraie*, le *Chêne*, etc... à moins que cela
soit un véritable point de repère, une anomalie très connue: un *gros* chêne
ne suffit pas...
Etant donné l' immensité de ce qui reste à faire en toponymie, je propose
mon aide à qui le souhaite...

256- Aregenua en GB

Actuellement non-publié.

440- un nouveau mot de la langue gotique RINNO = pas-
sage, pont ?

En écho à mes études n° 170, 255 et 256 sur le gaulois *Aregenua* et le paradigme général et transnational, qui en découle, signifiant, entre autres, "passage, pont", il semble bien qu' un mot de la Bible de Ulfila soit passé au travers des traductions depuis des siècles...

Evangile de Jean-18.1:
Iesus usiddja miþ siponjam seinaim ufar <u>rinnon</u> þo Kaidron

Les versions latines, anglaise ou française ont traduit, en général, la version
grecque ainsi: *Jésus alla, avec ses disciples, de l'autre côté du <u>torrent</u> du Cédron.*

Je ne peux préjuger de la version hébraïque, que je ne connais pas.
La version grecque:
ἰησοῦς ἐξῆλθεν σὺν τοῖς μαθηταῖς αὐτοῦ πέραν τοῦ <u>χειμάρρου</u> τοῦ κεδρὼν

<u>χειμάρροος</u>

Le problème est le mot χειμάρροος qui normalement, en grec ancien, signifie
"ce qui est formé par les grosses pluies > un torrent " (Bailly).

Pourquoi ne pas dire seulement "le *Kaidron"* au lieu du "torrent du Kaidron",
parce que d'une part tout le monde sait que le *Kaidron* est la rivière qui coule
près de Jérusalem et que, d'autre part, le mot "torrent" ne convient pas pour
cette rivière.
Des traductions plus récentes disent d' ailleurs: "Jésus partit de l' autre côté
du ruisseau de Cédron."

Pour moi, le mot χειμάρρου, plus ou moins bien orthographié, ou copié, dans
les très anciens manuscrits signifiait "passage, pont".
> *Jésus alla, avec ses disciples, par du Cédron.*
Les hellénistes ont retenu *hê gephura* = la chaussée, le pont.
Phonétiquement ,les deux mots sont proches: kheimarro / gephuro >
*geimharro / *gemhuro.
Les labiales étaient moins différenciées que maintenant. La transmission des
Evangiles, et de toute la Bible d' ailleurs, fut-elle orale dans un premier
temps ? Beaucoup d' indices le laisse penser.

Chantraine rapporte qu' on a supposé, pour *gephura*, une origine non indo-
européenne (ce qui ne veut rien dire !); Bailly, lui, parle d' une origine sémi-
tique !
La clé est probablement dans l' arménien: *kamurj* = pont; mais Chantraine se
lance dans une ridicule
déclaration d' impossibilité entre le grec φ et le [bh] indo-européen... il sait
bien sûr, exactement, comment se prononçaient l' un et l' autre...l
'infatuation est l' ennemi des scientifiques.

rinno

La proximité entre les racines gotiques [RIGN]= pluie et [RINN-an] = courir,
aller; ont fait que ***rinnon*** a été traduit (*in* BRAUNE, GED, etc...) par "torrent,
ruisseau". D ailleurs la proximité phonétique entre l' anglais *brook* = ruisseau
et l' all: *brücke* = pont, est édifiante...

La postérité toponymique du gotique: ***rinno***, comme je l' ai indiqué dans mes
études précédentes, en tant que version moins gutturale que le gaulois: **aregenua** [argenua / rgenua] est extrêmement nombreuse, surtout en France.

<u>**l' étymologie védique**</u>

rinno et l' anglais "**to run**" possèdent la même étymologie:
< Ṛ-inn / unn = qui assemble au loin, au-delà (inn / unn, phonèmes du mou-
vement en avant < an-nan).

suite du préambule 1 sur Aregenua

(les phonèmes gutturaux) (mai 2024)

Il existe évidemment une multitude d'autres exemples que *Aregenua*...
On peut citer le <u>latin / FR / anglais</u>: *regina / reine / queen.*
ancFR: *reïne, raine, roine.*
Pour toute analyse étymologique, il est indispensable de partir du concept
linguistique.
La reine, comme le montre le gotique *qens* OU *qeins*, signifie "Celle qui assemble", puisqu' en gotique *qens* signifie aussi "femme, épouse". La reine est
aussi la Terre, qui assemble à l'intérieur, comme un utérus féminin. La Reine
Noire est plus particulièrement la Terre qui assemble les morts.
Dans la langue védique primitive l'assemblage est exprimé par un phonème
guttural et par un phonème exprimant l'action (agentif).
Dans les trois langues européennes citées plus haut, le phonème agentif est:
-ina / -yana. En hindi, il est légèrement différent: *–an* (dans *râni*), bien qu'on
puisse considérer le mot comme l' évolution du sanskrit: *râjñî* = reine.
L' hindi: *râjâ* = roi, reprend aussi le sanskrit: *râjan* = roi.
On peut donc observer le traitement du phonème guttural de l' assemblage
en Inde: /Ra-J/ +-an légèrement différent du phonème européen /R-g/ +-
ian.
Dès l'Antiquité, le latin /Reg/ était très différencié du gotique /qu/ , écrit sans
doute pour /rQu/
On peut également établir un parallèle entre le FR: *reine* et le gotique (?):
rinno = passage, pont.

De la même manière que *Aregenua / Genoa*, le prénom féminin italien *Gina*
est l' évolution des mots *regina / reine / queen.*
La langue italienne a subi, comme toutes les langues, de multiples influences.
A ce sujet, je rappelle qu'il est trompeur de dire <u>la</u> langue italienne, comme <u>la</u>
langue gauloise, ou <u>la</u> langue française, étant donné la diversité des langues
parlées, ou qui ont été parlées jusqu' à récemment, dans un territoire aussi
vaste.
Les langues nationales codifiées, qui restent de nos jours, ne sont que l' addi-
tion de milliers de langues ou dialectes parlés anciennement...

On peut aussi donner comme exemple l'ancC: *ciuil* (ca.VIIIè s) = instrument de musique; qui a donné l' ancFR (Moyen Age classique-XIIIè s ?): *orghele* = instrument de musique, par l'intermédiaire d'une prononciation /rkiil/.

Pour revenir au point de départ –*Aregenua*- , l'étude de ces dérivations phonétiques, semble montrer que phonétiquement *Aregenua* > Caen.
Après coup, cela semble évident: la tradition est plus forte que tout: les hommes répugnaient à rompre avec leurs ancêtres.
La capitale du peuple immémorial était là, elle y est restée...
Chez Dauzat, il n' y que les traces du XIè s: *Cadon / Cathim / Cadomo*.
 Si je pense avoir une piste pour *Cathim* (voir plus loin), le reste m'est, pour l'instant, inconnu.
Jusqu' à présent, les capitales des *Uiducasses* étaient situées à Vieux, et j' avais moi-même situé *Aregenua* à l'emplacement de Blainville –sur-Orne (banlieue de Caen), pour deux raisons: *blain-ville* signifiait " ville principale" (voir mes ouvrages précédents) et des fouilles sont en train de mettre au jour un important *portus* antique sur les rives de l' Orne, à cet endroit.
Il est très rare qu'un nom de lieu important disparaisse de la mémoire des hommes. Seule une disparition physique pouvait l'expliquer: j' avais pensé que sa situation dans un environnement humide pouvait expliquer une possible destruction par les inondations et l' alluvionnement...
Quant à Vieux (à env.10 km au sud-ouest de Caen), elle fut certainement une capitale administrative temporaire, surtout à l'époque des débarquements de populations dites "saxonnes" sur le littoral. Beaucoup de capitales de *civitas* furent, de la sorte, éloignées des incursions maritimes.
Vieux ne pouvait en aucun cas être l' ancienne *Aregenua*, pourtant c'est toujours cette théorie que l' on entend. Le site n' a rien à voir avec les autres exemples de noms de lieu équivalents à *Aregenua*.
Les noms du XIè s. n'expliquent pas une évolution phonétique *Cadon / Cathim / Cadomo* > Caen. Il faudrait réexaminer en détail ces traces...
Par contre *Aregenua* > *Caen*, s'explique par une apocope *Caenu > Caen.
La dérivation est la même que dans les exemples précédents:
*Rgenu > *Genu > *Cen ("Caen", à la manière normande).
Parallèle: *Aregenua* > *Genoa* (Italie).

Mais l'ignorance des linguistes actuels ne s'arrête pas seulement aux phonèmes gutturaux...

1b- la fricativité du souffle

Depuis de nombreuses années, mes observations ont montré qu'un phonème
que l'on pouvait prendre pour un phonème guttural de l' assemblage -
puisque noté *r/g /c* - exprimait une intensification du mouvement (ce qui est
le contraire de l' assemblage !).
Ce phonème était issu d'un phonème souvent noté */h/* OU */u/*, c'est à dire
une labiale expirée (j' ai décrété que l' appellation des linguistes "aspirée"
était inappropriée).
Au début, pour montrer l'intensification de l' expiration, je l' avait transcrit
par "iiigi", représentant une occlusive consécutive à la forte expiration.
C'est durant une de mes traductions de l' ancien celtique: *hiformut* = ils raf-
fermissent, que la transition par l' anc.FR: *refermer*= raffermir, me parut évidente.
Cette origine de certains phonèmes *r / c* OU *g* dans beaucoup de langues européennes, explique beaucoup de phénomènes, entre autres le préfixe français *re-* exprimant la répétition.

Les immenses progrès que doit faire notre connaissance des langues anciennes conditionnent toute l' Histoire.
Comment interpréter l' Histoire en étant comme des enfants devant notre
héritage...
Le nom de lieu: *Rougemontiers* (Eure), *Rubeo Monasterio* (XIIIè s.)(Dauzat)
n'est pas comme l'ont proclamé des générations de "linguistes": *l'Eglise
Rouge"*, appellation d'une église supposément construite en briques, mais est
issu de deux mots appartenant aux langues quasi-disparues: *rouge* et *mont*
suffixés par *–ier* (locatif).
Ce nom de lieu est un classique du genre: "*le Grand Chemin*", puisqu'il se situe sur la grande route Rouen-Caen.

rouge provient d'un mot signifiant "grand" dont des exemples seront probablement découverts lorsque l' ancien celtique du VIIIè s. sera réellement étudié ! En attendant, contentons nous de l'ancFR: *ahuge / ahoge / ahoeg* =
grand; étymon de l' angl: *huge* = grand, énorme.
mont = chemin, voir mon volume 148 (gaulois: *mand / mant / mann* = chemin).

Le mot "rouge" se retrouve aussi en toponymie, fréquemment, dans *la Croix-Rouge*, qui signifie "le Grand Carrefour", comme *la Croix-Verte*, d'ailleurs !

Un autre exemple: l'expression française "*rondement*" signifiant "rapidement, énergiquement" est issu d' un mot inconnu *andement / *handement = énergiquement, intensément.
On comprend mieux ce mot avec l' étymon védique */anda/* qui signifie "qui va en avant" (vol.148, gaulois: *ande-* = particule intensifiante; "qui fait aller en avant". italien: *andare* = aller.
Dans le même paradigme:
ancFR: *endenté* = acharné (hand + suffixe agentif), *ententu* = appliqué.
latin: *intensus* = intense (< INTENDO)
Il semble que le paradigme soit à l'origine de l' expression "*être sur les dents*" = être complètement mobilisé dans une action < ancFR: *endenté* interprété comme *ond* (en ancFR: sur) *denté* (les dents).

Autre exemple:
Le PTN: **Nougaro** < nou-g-Aro = un nouveau *Aro* = un descendant de *Aro*.
Aro est un ethnonyme / anthroponyme très courant en Gaule.
La fricative /g/ peut se voir en jonction suivant une expirée du mouvement.
Ici, *nou-* est expressivement "le mouvement en avant"; ancC: *nuu* = nouveau (voir vol.232)

1c- l'origine dentale de nombreuses sifflantes (et chuintantes)

Je l'ai signalé depuis de nombreuses années. L'exemple *Attacotti = Scoti* , en est un exemple édifiant.
On peut ajouter *Persi = Parthi,* et des milliers d'autres exemples qui montrent l' absence de perspicacité des linguistes.

1d- la systématisation des aphérèses

De la même manière, je répète depuis des années qu'il faut beaucoup plus
prendre en compte la fréquence des aphérèses.
La démarche est essentielle.
Chaque début de mot *pa-* / *ba-* / *etc*... peut être doublé d'un début équivalent *apa-* / *aba-* / *etc*... OU même, *epa-* / *eba-* ...
Exemple, le FNM et aussi PTN *Robert*, est composé du NP: *Aro* + suffixe anthroponymique *-bert*.

 <u>A l'intention de ceux qui ne comprennent pas qu'un prénom et qu'un nom
de famille soient identiques</u>:
J'ai moi même été dans cette situation... Un long cheminement m' a amené à
comprendre la signification religieuse des noms d'homme.
J'ai déjà, dans mes ouvrages passés, exposé mes conclusions, que je répète
néanmoins ici:
En ce qui concerne l' exemple *Robert*, il faut bien sûr mettre de côté la signification académique du suffixe *-bert* qui ne signifie évidemment <u>pas</u> "qui
brille" ! (angl: *bright*, etc...)
Pou ce qui est du patronyme, la signification est évidemment "qui assemble
vers l' avant" (vers le futur) (V: apa-R-atta) >> qui descend de *Aro*.

Le prénom (nom individuel) provient des conceptions religieuses de l' âme et
du fonctionnement de la vie.
Il existe plusieurs éléments s'ajoutant au nom individuel initial:
Des éléments signifiant:
1- qui assemble (la personne) Untel. Cette conception est issue de la dualité
du monde: le corps et l' âme, appartiennent chacun à une des deux forces de
l' Univers.
2- qui assemble vers l' avant Untel = l'union des deux éléments fait vivre la
personne Untel.
3- qui assemble vers le haut Untel = le but, le destin, de l'union, qui fait la
personne Untel, est la mort, c'est-à-dire, le ciel (conceptions tardives, conceptions chrétiennes). A l'époque gauloise, la mort ne conduisait pas toujours
"au ciel". *Uercingetorix*, par exemple, signifiait "Ce qui conduit l'assemblage

nommé *Eto* vers le bas / vers la mort". "Ce"est mis pour "la personne", c'est-à-dire, l'union d'un corps et d'une âme, ce qui crée la vie.
4- qui fait aller en avant = qui fait vivre
etc...

Robert, d'après la période et la culture d'origine de cet anthroponyme, devait signifier: "ce qui conduit au ciel la personne nommée *Aro*".

1e- amuïssement des voyelles d'un mot et vice-versa

C'est un phénomène bien connu.
Mais les linguistes ne l'ont pas suffisamment pris en compte, car il est beaucoup plus fréquent qu'on ne croit.
Un exemple me paraît révélateur:
" L' Angleterre et les Anglais auraient comme origine les *Angles*, peuple du nord de l' Allemagne, qui envahirent la Grande-Bretagne au Vè s."... c'est ce que les intellectuels clament depuis des générations.
La lecture des noms des peuples par un *véritable* linguiste aurait dû prouver le contraire:
Un des peuples présents depuis des temps immémoriaux au centre de l' Angleterre, s' appelait les *Ancalites* (Commentaires de César).
Ancalites == *Angalits > *Anglits > Anglais
Les erreurs historiques de ce type sont innombrables et sont ânonnées depuis des générations par les petits fonctionnaires...
Mêmes raisonnements erronés lorsque les historiens concluent hâtivement aux déplacements de peuples seulement parce que certains peuples ont le même nom...
Deux peuples peuvent très bien avoir le même nom et être différents...
Cela montre seulement l' unité de la pensée des peuples anciens.

Le phénomène contraire est aussi fréquent: *Aregenua > Argentan* (Orne) = Argen-tan = habitation du pont (*tan* = habitation, voir ancC: *san* = maison, FR: *tanière*, gaulois / angl: *dun / town* = ville.
J'appelle aussi ce phénomène contraire: une décomposition.

1f- alternance des labiales

Les labiales *m / mb / u / b / p / etc...* sont le même phonème originel, prononcé différemment suivant les régions, et même les localités.
Voir aussi le rapport entre le latin: *ambi-* et l' élément /uidu-/ dans les *Uiducasses*.

En résumé, ce n'est qu'un aperçu de ma connaissance de la phonologie ancienne, je le répète depuis plus de dix ans: tout est à faire en matière de linguistique.
Il n'est plus temps d'ânonner les mêmes idioties, sous prétexte qu' elles sont soi-disant "scientifiques "(= académiques), donc sûres, c'est-à-dire sans danger pour le professionnel qui l' écrit !
Deux chantiers me semblent prioritaires: la phonologie ancienne et un <u>véritable</u> travail sur l' ancien celtique des manuscrits continentaux du Haut Moyen Age.

préambule 2

ignorance

des noms de peuples

gaulois

2- ignorance des noms de peuples gaulois

Les noms de peuples antiques ont presque toujours été mal compris, mal étudiés, encore de nos jours.

Une des raisons évidentes est l' absence de compréhension de la phonétique ancienne.

Comme je ne cesse de le répéter depuis plus de dix ans, tout est à faire en linguistique historique, malgré les soi-disant professeurs se targuant et pérorant dans les "hautes écoles".

Les intellectuels actuels sont issus d' un système qui conçoit l' intelligence comme un gavage d' oies.

On doit ingurgiter ce qui a été dit par les aînés et répéter, répéter... Si bien, qu' à la fin de leur vie, les soi-disant "chercheurs" n' ont pas eu le temps de s' adonner à ce qui devrait être leurs buts premiers: la recherche, la réflexion, les tentatives de réponses à des questions scientifiques, etc...

L' exemple des noms de peuples antiques est parlant: ils ont pris comme "argent comptant" les mots antiques sans se poser de questions: se poser des questions est mal vu dans les milieux intellectuels car c'est toujours remettre en cause les pouvoirs.

Les intellectuels considèrent les noms de peuples, récoltés par les historiens gréco-latins, sans oser les analyser, ni interpréter la moindre lettre.

Pourtant il est évident qu' il est nécessaire de trier les ethnonymes antiques en deux catégories: les noms autonymes de peuples, ou, à la rigueur hétéronymes, ET les noms de peuples récoltés par les historiens antiques tels quels, c'est-à-dire que le mot comprend un mot, dans une langue étrangère, signifiant "peuple, tribu, ou descendant de". Le véritable nom du peuple est alors seulement une partie du soi-disant ethnonyme.

Un élément, qui revient souvent dans les noms de peuples tels qu'ils ont été récoltés par les auteurs gréco-romains, est: **-cass / cad- / -cast / cat- / etc**...

Cet élément, fréquent dans le monde entier, signifie "peuple, tribu".
Je ne donnerai pas ici son étymologie védique...
Il fait partie du paradigme FR: *caste, classe, etc*...
Mais ce n'est pas le seul exemple de méconnaissance des langues anciennes qui a faussé la récolte des noms de peuples. Voir mes ouvrages sur les noms de peuples.

L' apparente multitude des noms de peuples en latin est causée par la multitude de prononciations et de variations linguistiques. En réalité, les noms de peuples sont souvent les mêmes, même si l' on a une vision mondiale du problème.

Quelques généralités sur les ethnonymes

Les ethnonymes ont la même origine que les noms d' hommes.
Ils remontent à la période charnière de la fin des temps préhistoriques, qui coïncida, à mon avis (voir mon vol.4), avec l'apparition de la civilisation: techniques, agriculture, religion et langue complexe, émergence de groupes sociaux, etc...
Ils tirent évidemment leur signification de la religion, c'est-à-dire dans la conception du rôle de l' homme dans le macrocosme.
L'origine est la famille qui se réclame d'un ancêtre commun.
Les premiers noms d'hommes signifiaient "homme", et les groupes humains s'appelaient eux-mêmes "les Hommes".
Cette ethnonyme est fréquent dans le monde.
Voir l' éminent ethnologue Claude LEVY-STRAUSS, dans *Race et histoire*, page 21: l'humanité cesse aux frontières de la tribu, du groupe linguistique, parfois même du village...les populations se désignent d'un nom qui signifie "les hommes".
Il est à noter que Lévy-Strauss ajoute d' autres significations aux ethnonymes: "les Bons, les Excellents". Ce qui, à mon avis, est dû à la méconnaissance par les ethnologues des langues autochtones et bien évidemment de leur passé, puisque le concept linguistique immémorial de l' homme est: Ceux qui font

aller en avant / vers le haut OU Ceux qui assemble vers l' avant / vers le haut,
en opposition au concept féminin qui assemble vers le bas / à l'intérieur; soit
le même concept que "les bons, les excellents, les nobles".

Dans les anciennes langues "fils" est exprimé dans l' action de "faire continuer vers l' avant, vers le futur".

Les ethnonymes sont rarement uniques, c'est-à-dire qu' on les retrouve partout dans le monde avec des phonétiques et des orthographes différentes,
par le jeu des aphérèses et des alternations de phonèmes dans un même
groupe phonétique (groupes: labiales expirées OU occlusives, dentales, gutturales). Je rappelle une évidence, n'en déplaise à Gaston ZINK, les voyelles
sont très variables et changent au gré des régions et des accents. Elles ne
sont en aucune façon une trace de quoi que ce soit, sauf, peut-être pour certaines semi-voyelles (surtout le /u/).

Les ethnonymes sont aussi parfois inscrits dans les noms de villes:
Exemple: *Ebroica* (auj: Evreux dans l' Eure) = qui assemble les Eburons.
Mais le nom des villes peuvent aussi signifier "qui assemble le peuple des X".

L'étude des ethnonymes tels que les Gréco-Romains nous les ont transmis n'
a pas été faite.
Je citerai un exemple:
Les *Attacotti*, peuple du nord de la Bretagne chez *Ammianus*, sont les *Scoti*,
peuple de Calédonie, chez le même *Ammianus* dans une autre de ses études;
aujourd'hui, ce sont les *Ecossais*. Il s' agit seulement d' une variation des
transcriptions: le phonème */atta/* se prononçait dans certaines régions
/atsa/.
Attacotti est plus proche des langues gauloises que *Scoti*. L' élément */atta/*
est fréquent dans les quelques traces connues des langues gauloises.

Les tribus font presque toujours référence à un seul ancêtre éponyme, souvent lui-même fils d'un dieu ou d'une déesse.
Mais nous nous trouvons démunis face à ce questionnement: la plupart des
peuples n'ont laissé aucune trace, si ce n' est, parfois, une légende, un conte.

préambule 3

ignorance des systèmes

anthroponymiques

humains

Comme la phonologie et les ethnonymes, le savoir académique s'est four-voyé au sujet des noms de personne (prénoms et noms de familles).
Les premiers chercheurs ont bâti rapidement et inconsidérément des théo-ries devenues inattaquables...
Je rappellerai quelques considérations qui me paraissent primordiales et évi-dentes:
1- les noms, qu'ils soient individuels ou familiaux, revêtaient une très grande importance dans les cultures anciennes.
Les noms individuels parce qu'ils distinguaient les hommes et derrière eux les âmes. Les noms de familles (y compris "fils de X"), parce que la filiation était censée représenter la continuation de la vie individuelle.
2- beaucoup de mots sont conservés dans les langues, alors même que leur traduction n'est plus connue. La **tradition** est la règle de vie des sociétés an-ciennes.
3- Ainsi, de nos jours, la plupart des noms, prénoms et noms de familles, ont perdu leur signification.
Il reste une tradition qui consiste à transmettre un nom de génération en gé-nération, que ce soit le nom de la famille, ou souvent le prénom du père transmis au fils, ou parfois le prénom du grand-père transmis au fils.
Seuls quelques cas, mis en parallèle avec d'autres cultures, sont plus com-préhensibles: les noms de familles suffixés par *–son*, qui signifie "fils en an-glais". Ces cas sont d'ailleurs fréquemment oubliés, car le mot "*son*", possède maintes versions dans l' histoire des langues: *-sen / -sun / -sin / -san / -saint/* ainsi que les dérivation phonétiques: *-chon /-chin*, etc... et beaucoup d'autres.
Mais ce cas particulier n'est, en fait, pas si particulier. Il est rendu particulier, à cause de l'ignorance de la signification des autres cas...

Donc puisque ces significations ont été perdues, certains ont pensé que le système anthroponymique était issu du système latin, qui est censé compor-ter un prénom (nom enfantin), un nom de gens (famille) et un surnom, qui représenterait le véritable nom individuel, au sens actuel du prénom.
Il y a là encore une grave méprise, que j'expliquerai plus loin en critiquant le livre de Paul LEBEL.

En réalité, toute l'humanité a suivi le même processus anthroponymique: les premiers noms ont été donnés d'après les conceptions religieuses du rôle macrocosmique de l' homme ou de la femme. Puis toujours sous l'influence de la religion, les noms se sont complexifiés en transformant les anciens noms suivant les modes en vigueur.

De la même manière, les noms de familles ont toujours transmis le nom de l'ancêtre originel. Les exemples les plus célèbres sont sans doute les Nguyen du Viet-Nam et les Park de Corée.

Ce qu'en français on appelle *surnom*, c'est-à-dire, une appellation hypocoristique ou péjorative ou dénominative n'existe pour ainsi dire pas, en tant que nom individuel, dans l'histoire humaine.

Les surnoms s'ajoutent aux noms individuels, parfois pour les différencier, mais en aucun cas ils n'ont été des noms ayant une importance religieuse. Même les noms individuels de peuples dits "premiers" ou plus franchement "primitifs " (exemples: les Amérindiens), sont probablement des noms anciens mal compris par les Européens. Ce n'est pas la seule erreur que les Européens ont faites, dès qu' ils ont été en contact avec des peuples étrangers. Le défaut des Européens est de tout ramener à eux-mêmes, et de penser que l' Europe et sa civilisation, sont le centre du monde...

Comment peut-on penser un instant que des hommes ont pu prendre des noms tels que: **Ventre** ("a dû s'appliquer à un homme bedonnant" – Morlet-957) ou bien d'autres. **Lecul** ("indique la situation de sa maison au fond de la vallée"-Morlet-607, ... ouf, je m'attendais à une explication plus salace!). Comme toujours, de l'ignorance naissent les imbécilités. Morlet était parait-il linguiste... drôle de linguiste qui ne compare pas *Lecul* au (sur-)nom romain fréquent: *Lucull*-us. Quoique un latiniste me répondra qu'on l' appelait *Lucull*-us parce que sa maison était près d'un bosquet (latin: *luculus* = bosquet). Les langues se sont ainsi faites qu'elles sont un foisonnement de sonorités dont nous ne connaîtrons toujours qu' une infime portion...

Que peut faire un scientifique face à ces incertitudes: soit reconnaître son ignorance, soit tenter de proposer des hypothèses censées et logiques en rapport avec la réalité des sociétés humaines anciennes.

critique de *Les noms de personnes en France*, par Paul LE-BEL

N'ayant pas de contradicteur, puisque, d' après les membres des Hautes Ecoles et Universités, "il ne sert à rien de s' écarter de ce qui a été établi par les recherches précédentes" (discours maintes fois entendu), j' imaginerai donc un contradicteur reconnu, puisqu' il s' agit de monsieur Paul LEBEL, spécialiste de l' onomastique, et auteur d' un QUE SAIS-JE ?: *Les noms de personnes en France,* qui fait autorité depuis sa parution en 1946, et réédité régulièrement depuis.

p 11: *"recherche de la méthode anthroponymique"*
L' auteur tente d' y dresser un tableau historique des mécanismes de la création des noms de familles: *"le nom de famille a été porté dans la famille par un ancêtre premier du nom."*
> Lebel ne fait pas oeuvre d' historien. Un historien devrait dire " le nom de famille a été porté dans la famille par un ancêtre premier du nom", mais possiblement sous des formes différentes que celles connues à partir de la fin du Moyen Age. (On ne peut examiner l' Histoire en pensant que rien n'a changé au fur et à mesure des siècles !)
L' erreur est lourde de conséquences pour plusieurs raisons:
1- déjà au début de l' ère moderne (fin XVè s.), les mots (noms de familles, noms de personnes, ou autres) n' ont pas toujours le même sens, ni les mêmes origines que de nos jours.
2- il fait donc débuter la création des noms de famille au début de l' ère moderne, puisque cette forme ne date apparemment que de cette époque.
Il ne s'interroge pas sur le fait, qu' auparavant, on utilisait souvent les mentions " fils de X", suivant le mode gaulois et latin. Quelle mutation linguistique ou historique pourrait expliquer ce fait ?

"Pour trouver le premier ancêtre porteur d'un nom de famille moderne, il faut remonter jusqu' à l'époque où le nom de personne n'était pas imposé par la loi."
 > Lebel commet une erreur que les historiens essaient d' éviter: commencer un raisonnement sans tenir compte de ce qui s' est passé auparavant. Une erreur souvent commise par les spécialistes tellement "imprégnés" de leur spé-

cialité qu' ils ne voient qu' elle ! ou quand l' information sur les périodes précédentes est tellement lacunaire ou inexistante. Néanmoins, c'est ce que je m' échine à faire comprendre depuis plus de dix ans, quand l' Histoire laisse un vide, il est nécessaire d' en tenir compte, et pas de faire comme s' il n'existait pas. Ce vide doit induire des questions et des hypothèses. Ici, il s' agit du vide laissé par le Moyen Age et particulièrement, le Haut Moyen Age, période qui manque souvent de textes écrits, du moins en dehors des noms aristocratiques ou religieux de l' aire sous influence franque.

p 12: "*étude des surnoms modernes*"
L'auteur y étudie des surnoms donnés à notre époque.
> **En filigrane**, il prépare le lecteur à asséner la ressemblance entre les surnoms modernes (sobriquets) et les noms de familles, censés datés de l' extrême fin du Moyen Age.

p 13: "*définition de la méthode anthroponymique*"
"On étudie les noms de familles de la même manière (que celle des sobriquets modernes), en se reportant à l'époque où ils étaient donnés librement comme les surnoms modernes. "
Il oublie de dire que le système anthroponymique moderne ne tient aucun compte des surnoms, qui ne sont d'ailleurs pas fréquemment donnés et de manière anecdotique.
> **Encore une fois**, l' auteur plaque la réalité contemporaine, à une réalité vieille de plus de cinq siècles ! De plus, il utilise, d' autorité, le terme "librement", à une époque où donner un nom est tout sauf une action "libre": l' auteur ne se préoccupe pas de savoir quelles sont les croyances de la fin du Moyen Age ou de celles précédentes...

"*il est non moins indispensable de posséder l' ancienne langue de la région dont on veut traduire les anthroponymes*"
> **Là, Paul Lebel rêve**... comment peut-on comprendre ces langues dont il n' y a aucune trace écrite, et que l' on ne vienne pas ergoter avec "les noms de lieux" ou autres, quand on voit la nullité des études toponymiques... en admettant, d' ailleurs, que l' on puisse comprendre une langue grâce à ses noms de lieux déformés...
On devine à l' avance ce que va être sa "démarche anthroponymique": tenter de faire correspondre les noms de familles aux infimes bribes connues des langues passées.

p 18: "*ce que l' on sait des plus anciens germains montre que leurs chefs ont adopté des noms gaulois*".

Un scientifique devrait soupeser les mots qu' il emploie: Paul Lebel a l' impression, à lire quelques noms de Germains, qu' ils *ont adopté* des noms gaulois. Dans l'ignorance, qui est la nôtre, des noms de Germains ressemblent à certains noms gaulois.

Il y a beaucoup d' autres hypothèse que celle de l' "adoption":

-leur langue avait beaucoup de points communs avec celle de certains peuples gaulois.

-les écrivains latins qui ont relevé ces noms ont faussé le résultat. Ils peuvent les avoir réinterprétés, etc... (nous ne connaissons pas les noms qu' ils employaient auparavant)

Lebel fait allusion au suffixe gaulois (gallo-romain) *–ric*, connu pour désigner un roi, ou un maître (ex: *Boio-rix, Auerno-rix*), mais employé aussi dans d' autres cas, et qui ne peut que signifier "riche" , "fort en", comme le mentionne Fortunat pour *Chilpe-ricus*, le chef franc: *-ricus = fortis*, en latin.

Penser que Fortunat (saint Venance Fortunat, évêque de Poitiers en 597) va faire oeuvre d' historien objectif en cette extrême fin de l' Antiquité, alors que l' Eglise doit combattre les anciennes religions encore fermement établies, et qu' il va nous donner la véritable signification (religieuse) du suffixe *-ricus*, relève pour le moins d'un esprit enfantin, ou, pour le moins, d'un esprit incompatible avec celui d 'un historien ou d' un scientifique.

...et ce suffixe "*riche en*" a bercé des générations d' intellectuels, inutile hochet dans les berceaux, jusqu' à celui de Xavier DELAMARRE, et d' autres.

Le véritable sens du suffixe *-ric*, qui redonne d'ailleurs de la véracité à Fortunat, se trouve dans une autre traduction de *fortis* = ancFR: *fortece* = force, énergie; ce qui en fait, évidemment -comment pourrait-il en être autrement ?- un suffixe anthroponymique religieux.

J' ai déjà dans mes ouvrages passés analysé le suffixe *–rix*. Rien à voir avec le sens de "riche"...

"chapitre II: les noms gaulois" (page 19)

On craint le pire étant donné l'état pitoyable de la recherche sur la culture gauloise...

"la chute d'Alesia ne fit pas disparaître tous les noms de famille celtes" (dont il vient de dire qu'on en trouve de nombreux dans les Commentaires de César).
J' aurais aimé qu'il distingue bien les noms individuels (=prénoms) des noms de familles... mais il élude sans s'arrêter à cet épineux problème.

Puis il donne des exemples de noms gaulois, en s'empressant de dire qu'un nommé *Galba* voulait immanquablement dire "le Gros", puisque le latin: *galba* = un homme gras (proviendrait des langues gauloises); alors qu'il vient de reconnaître qu'on ne savait quasiment rien des langues gauloises. Alors, pourquoi le Gaulois appelé *Galba* était-il obligatoirement "le Gros " ?
"Ces noms simples étaient sans doute des épithètes". Hypothèse fallacieuse, malheureusement reprise et conjuguée à tous les temps !

La suite est du même acabit: des suppositions sur la signification de mots gaulois...

"*Cintu-genos* et *Cintu-gnatos* signifiaient "né en premier".
Ah bon ! Pas plutôt "fils de Cintu" ?
Non, puisque cela ne fait pas partie de sa théorie sur les "surnoms".

"*chapitre III: noms gallo-latins*" (page 27)
"*le système anthroponymique latin*"
Ah enfin... car c'est de là que les erreurs proviennent...

Lebel donne d'abord un exemple non-représentatif puisqu' il s'agit des personnages de la branche des *Scipio* de la Gens *Cornelia*, branche où les hommes semblaient tous porter le "surnom" (d'après Lebel) *Scipio*, et qui, de ce fait, était différencier par des vrais surnoms (*agnomen* en latin).

Néanmoins, un exemple permet de fixer le système anthroponymique romain: Publius Cornelius Scipio Africanus.
1- **Publius** = *praenomen* en latin; que les latinistes ont traduit par le FR: prénom.
La réalité est différente: il semble que le *praenomen* était le nom de l' enfant. Rien à voir avec le prénom tel qu'on l' utilise de nos jours.
Mon hypothèse est que ce *praenomen* était rattaché au passé de la tribu originelle, et signifiait "continuation", "vie" de l' ancêtre dont le nom d'ailleurs

suivait dans l'ordre anthroponymique traditionnel. Ici, il s'agit de "une mani-festation" (Publius) de *Cornelus.*
 Je pense qu'il faudrait plutôt traduire par pré-nom = avant le nom.

2- **Cornelius** = *nomen gentilicium* en latin, c'est-à-dire "le gentilice", le nom de l'ancêtre avec un suffixe évoquant le génitif en –i. En français, il s'agit du patronyme ou nom de famille.

3- **Scipio** = *cognomen* en latin, c'est-à-dire le nom individuel. Les latinistes ont traduit *cognomen* par "surnom".
Ils ont peut-être été trompés par les connotations que chaque nom individuel peut éveiller. Ici, *Scipio* se rapproche du latin: *scipio* = bâton. Mais comme je l'ai déjà dit, il faut se garder des rapprochements qui semblent faciles: les langues sont un foisonnement de sons et de mots, dont une grande partie sont totalement inconnus. L' origine du nom individuel est probablement ethnique, il faut le rapprocher du prénom anglo-saxon *Skip.*
La dénomination latine *cognomen* signifie "nom sous lequel on est connu " (cogno-nomen). En réalité, c'est le même concept linguistique que le FR: prénom. L 'élément français *pré-* fait partie du paradigme *paru / paraître* > apara-ya > pré-.

4- **Africanus** = *agnomen* en latin, qui semble provenir du verbe AGNOSCO = reconnaître, et qui servirait donc surtout à différencier des hommes qui por-tent le même nom.
Un autre Cornelius Scipio avait comme *agnomen: Barbatus*. Ici, il s'agit réel-lement d'un surnom au sens français du mot. Latin: *barbatus* = barbu, cou-vert de poil, bouc.
Une autre différence importante entre le nom individuel (*cognomen* en latin) et le surnom (*agnomen* en latin) est le nom propre, c'est-à-dire: le nom qui appartient en "propre" à une personne, c'est-à-dire, le nom individuel (pré-nom), alors qu' un surnom est toujours donné par les autres (hétéronyme), et qu'il n'est pas du tout unique.

...suivent une litanies de noms individuels romains expliqués par la langue la-tine: *Porcus* = le Porc; *Faba* = la fève, etc... comment peut-on imaginer la moindre part de vérité dans ces enfantillages !

Les noms individuels romains sont très anciens et font appel aux langues anciennes tribales qui ont composé le latin: ces noms n'étaient pas compris déjà sans doute à l'époque romaine.
Une étude anthroponymique sérieuse montre l' appartenance de chaque cognomen à des paradigmes qui existent dans d'autres cultures où le latin n' a rien à faire... (Je peux fournir des exemples à qui le souhaite...)

Suivent aussi une multitude d'inexactitudes:
"les dérivés en *–inus* (et *–ianus*) avaient pour fonction de fournir des patronymiques" (p 30) > la réalité est tout autre, ces noms sont des noms individuels, dont j' ai déjà donné le sens dans mes études.

Mais quand on ne connaît rien à la phonologie ancienne, ni aux ethnonymes, ni aux anthroponymes, comment peut-on apporter une quelconque explication ! Il faut tout reprendre depuis le début !

page 33: *"-inus = servait à former les noms câlins des enfants"* > complètement phantasmé...

les noms de personnes latins dans la toponymie française (p 33)
"ex: Corneilhan (Hérault) < *Cornelianus* du Cognomen *Corneli* -us"
> mais quid des anciennes langues du Languedoc ?
> Lebel aurait pu répondre effrontément: elles n'existent pas, puisqu'elles sont inconnues...

Les mêmes imbécilités pour le suffixe toponymique *-ac*.
Si ce n'est que *-ac* est réellement un des multiples suffixes locatifs gaulois.
Par contre, le premier élément n'est quasiment jamais un cognomen latin.
Fréquemment, le premier élément désigne la toponymie, ou un théonyme: le lieu de l' assemblage de l' eau, le lieu de *Iuli* (le sanctuaire à *Iuli*), etc...

les noms de personnes latins dans l'anthroponymie française (p 34)
"Pierre" provient de *saint Petrus* > Pierre ne peut être un dérivé phonétique de Petrus !
...suivent une réinterprétation chrétienne des *cognomen* romains ou gallo-romains > pitoyable...

noms gallo-germaniques (page 36)
"le latin langue nationale de la Gaule (vers le VIè siècle)".
> Il faut préférer le commentaire scientifique d'un historien: "*on connaît très mal le parler courant des populations de la Gaule barbare et de la France mé- rovingienne et carolingienne*". (Jean FAVIER, dictionnaire de la France médié- vale-p 554)
J'ajouterais qu' on le connaîtrait mieux si les manuscrits continentaux du Haut Moyen Age avaient été étudiés de manière scientifique !
"Ces noms gallo-germaniques n'ont pas été répertoriés d'une manière systé- matique" > heureusement, depuis, Marie-Thérèse MORLET a relevé le dé- fi... mais si la somme de travail est évidemment imposante, sa perspicacité est, malheureusement, quasi- inexistante...

"noms empruntés à l'anthroponymie celtique" (p 38)
> pourquoi dire "empruntés" ? Certains noms ont les mêmes éléments que des noms celtes; soit ! ...mais étant donné que l'on ne sait presque rien des cultures et des langues germaniques antiques, o ne peut que mentionner certaines ressemblances celtes / germaniques...
Mais cela fait bien de dire "emprunté", comme si l'anthroponymie n'avait plus de secrets pour ces soi-disant intellectuels vaniteux...

p 40: composition des noms germaniques: *-ald* = vieux; *athal-* = noble; *bald-* = hardi; etc...
Lebel fait référence à une linguistique que j' appelle "enfantine", puisque ces intellectuels voient un mot qui correspond à leur lexique de vieil allemand et l'identifient comme tel.
Ils oublient de réfléchir, et se contentent, comme les enfants, d' associer deux images. C'est perdre de vue ce que devrait être la Science.
L'image du lexique de vieil allemand n'est qu'une infime partie de ce qu'étaient les anciennes langues germaniques. Il faut distinguer derrière cette image, les centaines de sens que pouvait posséder ce mot...

Suit ensuite une tentative **méritoire** de caractériser les finales des noms de chaque peuple germanique arrivant sur le sol de la Gaule.
Il mentionne l'existence d'un élément *Hari- / Her-* dans certains noms germa- niques (page 41)... il ignore que ancFR: *herry* = homme...(autre phonétique du latin: *uir* = homme.

Dommage que ces linguistes aient laisser à d'autres la spécialité de l' ancien français, ce qui est un comble quand on étudie les anciennes langues de la France !

Suivent des étymologies enfantines d' éléments anthroponymiques germains. Néanmoins, on perçoit le fond du système anthroponymique germain:
page 44: "le suffixe *–ing* signifiait "fils de" et "descendants de" au pluriel...Exemples: *Brun-ing, Hard-ing, Hrod-ing*."
Alors pourquoi certains hommes seraient caractérisés par leur ancêtre et d'autres par de soi-disant traits de caractère ?
Serait-il possible que nous ne connaissions pas toutes les significations, et que les linguistes aient foncé, tête baissée, vers une solution trop évidente...

Pour ma part, je serais prudent quant aux conclusions du suffixe *–ing*.
Il nécessiterait une étude plus sérieuse, car, je l' ai déjà dit, il est de la plus haute importance de déterminer si le nom est un nom individuel ou un patronyme ("fils de", "descendant de").
Il peut y avoir confusion entre un élément signifiant   "fils de", "descendant de", et un élément signifiant "qui fait aller en avant OU vers le ciel" *Untel* (untel = nom donné à l'assemblage d' une âme et d'un corps). Ce dernier sens composant un nom individuel (prénom français).

page 46: un fait qui aurait dû provoquer une révolution dans la phonologie des langues anciennes: "*Azémar = Ademarus*".
> Je n' ai rien inventé ! J' ai observé, émis des hypothèses et j' ai conclus (sur certains sujets !), pendant que d'autres se perdaient en descriptions de mots imparisyllabiques, etc... les linguistes adorent les descriptions avec des mots compliqués, mais qui n'engagent à rien, et qui ne coûtent pas beaucoup d'efforts...

Os- / Ans- signifierait dans les noms normands: "dieu". Peu importe que cet élément soit courant dans de multiples cultures pas du tout germaniques... J'ai maintes fois analysé cet élément dans mes ouvrages.

page 47: passage sur les composés de *Chlodo-* , traduit par Morlet par "célèbre par / en". Ni Lebel, ni Morlet n'évoquent le nom romain *Claudi*-us. Le mot était déjà utilisé chez les Etrusques (recherches personnelles)... Au lieu de se spécialiser, il faut chercher ce qui rapproche les langues ! Il faut comparer au lieu de rester enfermé dans des postures.

P54: NP: Poso == Boso > Une remarque juste.

p56-57: tableau du passage des suffixes anthroponymiques germaniques aux noms actuels > la plupart sont justes.

p58: l'utilisation de noms féminins comme ancêtre familial > il faut vraiment ne rien avoir compris aux religions passées pour le croire. Que ce soit clair: tous les exemples de soi-disant noms de familles provenant d'un ancêtre féminin sont des mauvaises interprétations de personnes ne maîtrisant pas le corpus très vaste des noms anciens.
Lebel donne l' exemple du patronyme: *Adeline* et le rapproche du prénom féminin *Adelina*. Il faut savoir que *Ade* est un prénom masculin courant dans les temps anciens et *-lin-* signifie "descendant de", voir le FR: *lignage, lignée*.

chapitre V: noms français (page 60)
"le surnom quitte alors sa livrée germanique et devient français: plein de sens, il jaillit spontanément de l'esprit des contemporains et se diversifie à l'extrême."
Les surnoms relevés dès le XIè s:
 Dives = "le Riche" pour Lebel (latin: *diues* = riche).
La logique voudrait qu'on compare avec la période précédente:
En Gaule dans l'Antiquité, existaient les NP suivants:
Antiquité: *Deuus, Diiui, Diuus.*
Haute Antiquité: *Diuixus, Ateuiri, Ateuus* (**Teuirs, *Teuus* avec l' aphérèse) .
Voir aussi le PTN britannique *Davis* (prononcer *Dèvis*).

Suivent la litanie habituelle des rapprochements entre les noms de familles français et le vocabulaire latin ou d' ancien français.
Il y a bien sûr des méprises dues à l'ignorance, ou que j' attribuerait à l'ignorance possible, puisque que je n'ai pas étudié précisément les exemples, dans les documents:
Jobert Loripes, page 61, ressemblerait à *Jobert* (nom de famille pour Lebel ?)
le Cagneux (qui a les pieds tournés en dedans; latin: *loripes* = qui a les jambes tordues).

Pour moi, ce nom est clair: prénom *Jobert*, patronyme: *Loripes* < descendant (all-) d' *Aurappiios / Urupas / Urappi / Urapus*. Tous noms de personnes gaulois... J'ai même supposé qu' à un moment du Moyen Age, les nobles (et l' Eglise !) contestaient la faculté aux serfs d' avoir une âme comparable à celles des nobles, et par conséquent de ne pouvoir constituer de lignée, ayant donc le même statut que les animaux. Ce qui expliquerait certains noms comparables à des sobriquets. Le *Jobert Loripe*s était, d'après Lebel , un serf.

Je ne gaspillerai pas mon temps à reprendre tous les soi-disant surnoms à l' origine des noms de familles français. Le lecteur trouvera moult détails dans mes ouvrages déjà parus (par exemple, les volumes 28 et 188b).

3b- ignorance ou, du moins, oubli des manières d'exprimer l' action de descendre d' un ancêtre ou d' être parmi sa filiation

Parmi ce naufrage de la soi-disant intelligence des universitaires et des académiques de tous bords, rappelons quand même qu' une des questions préliminaires au problème des noms de familles aurait dû être:
- comment, dans les langues anciennes, a-t-on OU a-t-on pu exprimer la filiation ?
Au lieu de s'engouffrer dans les erreurs d'interprétation de l'anthroponymie romaine, la moindre des choses aurait été de prendre en compte les manières anciennes (ou actuelles) d' exprimer la filiation.
Dans l'ouvrage de Lebel, quasiment aucune référence, et c'est la même chose partout...
Plus particulièrement, puisque les Gaulois étaient "celtes", il eût été judicieux de poser comme hypothèse qu'ils avaient des manières communes aux langues néoceltiques (irlandais, gallois, etc...).

Dans le désir de faire le point sur ces techniques linguistiques, et afin d'éclairer le lecteur, voici un bref résumé des manières connues d'exprimer la filiation:
J'en oublie car il ne s'agit pas d'une étude exhaustive, et, de plus, je ne peux évidemment pas lister les tournures inconnues, ou du moins pas encore découvertes... car, comme je ' ai dit, tout reste à faire...
1- la mention **"fils de"**. Mais quand elle est écrite dans une langue que l' on ne comprend pas encore, ou même que l'on fait semblant de comprendre...Vous voyez de qui je parle.
2- la finale **–i** du génitif latin.
3- la finale **–i** du pluriel latin, pour désigner la famille, voir les *gens* romaines.
4- la finale **-es / -ez / -ès** de plusieurs langues dites "latines".
5- la tournure écossaise: **mac-**
6 la tournure galloise: qui correspond à l' ablatif latin introduit par **ab- / ap- / am / af**. En anglais, il est devenu "*of*".
7- même phonétique que la précédente, l' irlandaise: **o'**
8- la tournure française: **de** (qui indique l' origine, déja en ancien français.
9- l' élément **natus** en latin / **né de**, en français

10- l' élément du vieil anglais **atta**
11- l ' élément **–son / -sen / -sun / -sin / -sain / -san** dans des langues plu-tôt germaniques (un peu connues par le gotique)
12- l' élément **-ides** des noms grecs
13- l' élément germanique **von** = de, qui vient de (génitif)
14- l' élément **–ski / -scu** en Europe orientale.
15- l'élément russe: **-kine** (voir all: *kinder* = enfant)
16- l' élément **fitz-** des noms gallois, qui est le même que le FR: *fils*, qui est un mixte du français et du latin ! mais qui se prononce d'après le celtique !
17- l'élément gotique **mag-** du gotique *magus* (==*max) = enfant, fils (voir noms écossais)
18- l'élément **-quin** des PTN flamands (voir l'élément n°15: *-kin*)
J' ajouterai des finales que l'on trouve dans la langue française aussi bien dans les noms propres que dans les noms communs
- **ais / -ois**
-ier / -er / -eur
-in

Et j'ajouterai surtout toutes les formes encore inconnues...
J' émetterai des hypothèses:
-ult < comme *ultérieur* = qui suit
-uille / ville / ueil / vel = autre phonétique de fili-us.
-gosse / kid / kinder = enfant

et aussi les formes issues des noms germaniques médiévaux:
-bert / -pert ...
-hard / -ard / -card (== -hard) / **chard** (==-hard)
-mond / -mund /-mand / -mann / -min / -men...

les descendants

des tribus gauloises

(extrait de mes recherches)

Après avoir perdu mon temps à démontrer l' ignorance des intellectuels concernant la phonologie ancienne, les noms de peuples et les noms de personnes, j'espère que le lecteur pourra enfin avoir un regard neuf sur ce sujet...

Je dis "avoir perdu mon temps" car si le monde intellectuel n'était pas devenu ce qu'il est – une sorte de Rotary Club de hauts-fonctionnaires- l'évidence de ce que je m'échine à publier depuis treize ans, serait apparue au grand jour.

Vous trouverez donc ci-dessous un extrait de mes recherches sur la descendance des tribus gauloises.
Ce n'est qu'un extrait car j' ai déjà donné suffisamment de confiture aux cochons...

Les noms, à l'origine des ethnonymes, se rencontrent évidemment à l'extérieur du territoire de la tribu.
Ils appartiennent au patrimoine des langues gauloises. De la même manière, les noms actuels bâtis sur le modèle des ethnonymes, ne se cantonnent pas au département qui a abrité la tribu qui a pris ce nom.

les **Abrincates**

région d'Avranches

Ptolémée (IIè s) écrivait en grec: *Abrigkatouoi.*
-cates signifiant "le peuple" , il faut donc parler des **Abrin.**
Une de leurs capitales s'est appelée *Abrincatis* (vers 400) et *Abrincae* (VIè s.)
> auj: *Avranches.*

Les *Abrin* est un ethnonyme assez fréquent dans le monde.
Exemple: les *Briniates* (Ligurie), etc...
Signalons les connotations: latin: *aprinus* = du sanglier; *brunicus* = petit cheval
(qui viendrait du celtique).
ancFR: *prin* = premier; commencement; fin, mince
prin= moment du frai.
princé = prince, chef.

Mais les connotations ne doivent pas faire oublier que les noms de peuples
signifient la plupart du temps = les Hommes, les Humains.
A mon avis, la meilleure origine est l' anglais: *brain* = cerveau, intelligence;
dont je situe l' origine dans le verbe gotique *briggan* = rendre meilleur, apporter de la force, améliorer (bri-gen).
L'ODEE fait référence à des langues moins anciennes.

Il est intéressant de faire le parallèle entre *druide* = homme savant (voir les
Tricasses) ET *brahman* = homme savant.
Les premiers prêtres étaient, à n' en pas douter, avant tout des savants,
avant qu'ils ne deviennent des vendeurs de rites, d'attrape-nigauds et de si-
magrées...
De la même manière, les *Abrin* étaient "les hommes / les êtres pensants",
comme les *Man* sont "les hommes / les êtres pensants " (voir skr: *MAN* =
penser).

un peu de phonétique, *abrin* peut s'écrire et se prononcer:
- aprin

-aurin / avrin
-barin
- bran
- frain
- flin
- ebrin
- plen
- amrin
etc...

La ville du sud-Manche: *Barenton* est probablement un ancien *Baren-dun* = ville des *Abrin*.
(plus ancienne appellation connue: *Barenton* en 1180; *in* F. de BEAUREPAIRE (*noms des communes de la Manche*, 1986)
F. de BEAUREPAIRE relie *Barenton* à d' autres noms de lieux français en rap-port avec l' eau; pour ma part, il me semble difficile d' écarter à la fois l' élé-ment */ton/* qui signifie "ville" dans les langues du nord-ouest de l' Europe (angl: *town*; gaulois: *dun*; etc...) ET l' élément *baren / abren* qui rappelle le nom du peuple qui vivait là. Barenton se situe aux confins de l' évêché d' Avranches, donc proche de la frontière avec d' autres peuples à l'est.

<u>Noms de personnes antiques:</u>
-Abrun-us
-Aprian-us
-Apronios
-Baron- (Baronis)
- Blandi, Blendo
-Brinnius
-Brano
-Brauni-us
-Flanio
-Franch-
- Froni
-Plan-us, Plin-us
-Princi
-Prion (Prioni)
-Ullin-us

<u>Noms de familles actuels courants dans le sud-Manche:</u>

-Auvrouin (*Aubruin)
-Blin (*Ablin)
-Frin (*Afrin)
-Lefranc < alla-Bhran = descendant de Bran- (le "c" est à la fois la trace du nom de peuple: Abrin-ka = qui assemble les Abran, à la fois l' attraction du FR: *franc,* et aussi un phénomène linguistique qui transforme la fin de la na-sale en gutturale. Les descriptions linguistiques habituelles "vélaire sonore, nasalisation", etc... me semblent plutôt imprécises)
-Prenveille < Pren-veille, avec *-veille* == *feillle == latin: *filius* = fils; FR: *filer=* aller en avant)
-Pringault < Prin-g-hald = descendant de *Abrin.*
etc...

les **Ambiani**

Région d'Amiens

Leur capitale: Amiens < *Ambianum* (IVè s., *-in* Dauzat)

On retrouve dans leur nom l' élément présent chez les *Uiducasses* < Ui = la vie.
Si chez ces derniers, l' élément agentif était probablement *–i* > Ui-i = qui font l' action (i == ya, en étymologie védique) de vivre, d'être (ui); chez les Ambiani, l' élément agentif est *–an / -ant / -in / -en*. Cet élément est un classique dans de nombreuses langues du monde.

L'alternance des labiales fait que ui == bi == mbi == mmi.
L'anglais est utile pour mieux comprendre cette phonétique:
to be = être, exister > mais doubles et contraires significations ! ... causées par la dualité du monde: l' action et l'immobilité. L'anglais, comme le français, n' a plus fait de différence à partir d' une certaine époque.
being = participe présent, équivalent à l'ethnonyme *ambi-an* = vivant.
On retrouve cette phonétique dans la conjugaison du verbe *to be*:
am (*amb) = *to be* à la première personne (got: *im*, grec: *eimi*).
being substantivé est traduit par "un être (vivant)" OU " l'existence, la vie ".

ambi-an peut aussi être interprété comme: "qui fait la vie", "qui produit la vie" (les Pères).
Le grec a le verbe *phuein* = faire vivre, faire naître; mais aussi "naître".
Il faut aussi rappeler le latin: *uia* = chemin.

<u>un peu de phonétique,</u> *ambian / mbian / bian /* a pu s'écrire et se prononcer:
-ai-an (== uai-an)
-ami-an, abi-an...
- bi-on, bui-an...
-emai-an, empi-an...
-fi-an
-imi-an...
-mai-an, maill-and...

-ombi-an...
-pe-an...
-umbi-ent,...
-uai-ant, ve-end...
etc...

<u>Noms de personnes antiques:</u>
-Abbian-us, Abiani, Abin-us
- Aiano, Aiin-us, Aiino (Aiinon) (...a pu être prononcé "alan")
- Ambian-us, -Ambino
-Amen-us, Amian-us, Ammian-us, Amin-us
- Appian-us, Appin-us
-Auent-us, Auien-us
-Biani-us, Bin-us, Bien-us
-Emin-us, Epien-us, Euin-us
-Faeni-
-Immin-us
-Meini-us, Miani, Miin-us
-Peino
-Uien-us, Uihans-

<u>Noms de familles actuels courants dans la région d'Amiens</u>
-Biencourt < descendant de Ambian-
-Miannay < descendant de Amian-
-Payan, Payen
-Viancourt < descendant de Uien-us
- Villain (< ? *Viiian)

les **Andes** ou les **Andecaui**

région d' Angers, peuple qui a donné le nom de la province: l' Anjou.

On rencontre aussi chez les auteurs latins: *Andicaui / Andegaui.*
 Cet exemple illustre bien ce que j'ai appelé dans mon préambule 2a: *l'igno-rance des noms de peuples gaulois.*
Les auteurs gréco-latins ont recopié les noms comme ils les entendaient,
c'est-à-dire, en général, sous la forme "peuple des X", ici "les Andecaui"" et
parfois sous leur véritable autonyme, signifiant les plus souvent "les hommes,
les êtres vivant et pensant, ici, les *Andes* OU les **And /*Andi.*
L' élément ethnonymique *–cau* se retrouve dans certaines langues dites
"germaniques": L' *Argovie* –pays gallo-franc-, en allemand *Aargau*, comporte
l' élément courant dans les noms de régions: *-gau*   V: < K-aua = qui assemble à l'intérieur OU ka-ua = qui assemble.

La capitale *Angers* < *Andecauis* (vers VIIIè s.) = qui assemble les Andes.
La région: l' *Anjou* (dès le XIIè- *dixit* P-H.Billy).
< l' absence de forme intermédiaire m'incline à penser à la dérivation sui-
vante: And-yaur = qui assemble les *And* > And-yu(r). Finalement, la même
formation que pour Angers (?).
Les habitants: les *Angevins* < descendants des *Ann*. Le suffixe *–uin* est courant dans les noms de personnes en Gaule OU en pays dit "germanique", et
dans les noms de personnes actuels (individuels ou familiaux !)
Il est nécessaire de rapporter l' ethnonyme les Ann à la dynastie chinoise des
Han (nom de la famille des Han)

<u>un peu de phonétique</u>
Voir à *Uenetes*
-ain / aind / aid / aet
- enn / end
-han, hend
-ind / inn
-oin / oend
-uan / uend / uind / uid (dans certaines langues, /uend/ se prononce /gwen /
gwend/.
 Voir gallois/breton: *gwyn / gwenn* = blanc, qui a donné l' anglais: *white.*
Donc une des connotations possibles du mot *uand-*.

<u>Noms de personnes antiques:</u>
Voir à *Uenetes*
+
- Ain-us, Aino-rix, Aeni
- Aet-erni
-Aet-us
-Ano, Annio
-Anniberto (probablement tardif)
-Aune, Auni
-indus, ine-turi, intus
- Oiniu, Onius
-Uanno, Uant-us, etc...

<u>Noms de familles actuels courants en Anjou :</u>
Voir à *Uenetes*
+
Angevin < Andi-uin = descendant de And
Anjou < And-iur = descendant de And
Baudouin / Bodin / Boutin < descendant de Oin
Bellanger < uil-And-ier = descendants de And
Briand / Briant = descendant de And / Ant
Dangevin < de Andi-uin = de la descendance de And
Danjou < de And-iur = de la descendance de And
Delanoé = del-Ano < descendant de Ano
Delaunay = del-Auni < descendant de Auni
Deniau < d' Ennio
Frouin < for-Ouin < descendant de Oin
Guignard < *Gwyn-ard = descendant de Gwyn / Ain
Jouin < ya-Oin = descendant de Oin
Marchand <   march-And = qui fait aller en avant And
Péan < ape-And = descendant de And
Vailland < *faill-And == fili(us)-And = descendant de And
etc...

<u>Noms de familles actuels intéressants, mais non-localisés OU localisés ailleurs qu'en Anjou</u>
Voir à Uenetes

-Anne

-Anjubert < Aniu-bert = descendant de Anni-us

- **Feuardent**

Joli patronyme; "sali" par Morlet avec son "a désigné celui qui a été frappé du mal ardent ou mal saint Antoine, c.à.d l'érésipèle".

La solution est évidemment phonétique *feuard* est une prononciation d' un ancien verbe, que l' on retrouvera lorsque l' ancien celtique sera convena-blement étudié, ou même dans une forme de l' ancien FR, pas encore notée (?).

La construction est claire: *for-* =   en avant + /ard/ = qui fait aller en avant.

Voir l' ancFR: *hardier* = attaquer; *hardeor* = celui qui fonce en avant.

L'anglais l' a gardé pour le verbe *to forward* = expédier, faire suivre, avancer, transmettre.

Cet élément est très fréquent dans les noms de personnes (-*hard* dit "germa-nique").

L'élément est aussi très important en toponymie, puisque le concept "qui fait aller en avant / au-delà"   est celui des routes et des ponts...

Donc feuard-Ant signifie "qui fait aller en avant *And*"= descendant de *And*.

-Hanson (Normandie) = fils de Han.

les **Aruerni**

(Massif Central)

Les *Aruerni* signifie "le peuple des **Aru**".
-arn est un élément, assez fréquent dans les ethnonymes, signifiant "qui assemble".

La phonétique nous dit que *aru == arc- / urc-.* Voir les **Cadurc**i.

Le nom de la région: *Auvergne* s'explique par la dérivation: *auruergne >
*aurvergne > Auvergne.
L'Auvergne comporte une région naturelle appelée l'*Artense*, dont P-H Billy
ne constate pas de réelle forme ancienne (page 81).
Pour ma part, j' associerais l'ethnonyme **Ar-** à l'élément */tent/* qui apparteint
au paradigme de l'ancC / anglais / gaulois: *san / town / dun* = habitation.

<u>Noms de personnes antiques:</u>
-Arro, Arron, Arru-s, Aru-senus
-Arui
-Auri
-Horus
etc...

<u>Noms de familles actuels courants dans le Massif Central:</u>
-Arrou
-Auvergne < *Aru-erni = qui assemble les Aru.
-Daru < descendant de Aru.
-Roux < qui assemble les Aru.
-etc...

les **Atrebates**

(région de l'Artois)

Les "linguistes" ont été chercher des hypothèses abracadabrantes: Dauzat:
ad- + celtique: *trebo* = peuple, ville, village; transformé par Delamarre en "les
propriétaires, les habitants"(XD1-59), sous l'influence d'un soi-disant "celtique insulaire" *attrab* = habitation, propriété, qui est en fait de l'irlandais
médiéval et moderne.
La racine est effectivement la même que le latin: *tribus*, qui est le même que
l' ancC: *tribu** (*triba* au pluriel) / *triub* (vol.232).
Comme l'ethnonyme *At-* est extrêmemnt courant dans le monde, la signification est on ne peut plus simple: la tribu des **Ates**.
Je ne parlerai même pas des élucubrations concernant l' ancien nom de la
capitale: *Nemetocenna*...
Je suis sans arrêt sidéré de l' esprit borné qui semble "animer" ces soi-disant
"intellectuels".

Les vocables *Arras* ET *Artois* ne datent que de la fin du Moyen Age (Billy-81:
"1189 et 1152").
Les linguistes considèrent qu' il s'agit d'une dérivation naturelle du mot *Atre-*
bates, avec un amuïssement du "t" et du "r".
Rien ne les arrête...
Pourtant, il s'agit seulement d'un changement de l' élément qui signifie "qui
assemble" (atreb-).
Les éléments /ar-/ et /art-/ remplacent /atreb-/.
Dans ces deux vocables l'ethnonyme *At-* est devenu conformément à la
phonétique des dentales *As-* et *Ois-*

Un pays gallo-franc, partie de la cité des *Atrebates*, s'est appelé l' *Ostrevant*
OU *Austrebant* (Moreau-206). Pour Moreau, il s'agit de la traduction de "ré-
gion de l' est".
Hypothèse peu probable, car la finale *–ant* est intrigante.
Il vaut mieux y voir une dérivation de l' ethnonyme At- > Ant- en vertu de l'
alternance des dentales.

<u>un peu de phonétique,</u> l'ethnonyme *At-* a pu s'écrire et se prononcer:
-as, ad...

-ait, aid, ais …
-ant, and…
-es, et… (voir les Vénètes)
-has, het, …
-iat, it, is,…
-oit, ois…
-ti-, thi-, te-… (à la suite d'aphérèses fréquentes)
-uat, uad, uid, uais, uen, uent…

<u>Noms de personnes antiques:</u>
-Adi, Atti, At-us, As-us…
-Aet-us Aedu-us…
-Ait-us, Aisi…
-Andi, Anto, Ansi-
- Es-us, Etos-, Etou-…
- Hidu…
- ituo, itti-us, is-us…
- Oit- (?), Oesi-
- Uati, Uettio…

<u>Noms de familles actuels courants dans le Pas-de-Calais:</u>
Adez
Attaignant < Attai-genant = né de Attai
Bachelet < descendant de Et-
Bellet < descendant de Et-
Benoist / Benoît / Binet < fils (= ben / bin) de Oit-
Billet < descendant (bill== fili-us) de Et-
Bouchez < descendant de Es-
Bouquet < descendant de Et-
Cadet < cad (comme cass-) de Et-
Charles / Charlet < qui conduit au loin (char-/charl-) Es-/ Et-
Choquet < descendant de Et-
Cochet < qui conduit au loin (coch-) Et-
Collet < qui conduit au loin (col) Et-
Courtois < qui conduit au loin (court) Oes-

Darras < qui conduit au loin (darr) As-
Deprez < qui conduit au loin (depr- , comme FR: départ) Es-
Dubois < chemin (bois) de Adu
Dufour < chemin (for) de Adu
Dumoulin < ce qui fait avancer / tourner (moulin) Adu
Dupont < ce qui fait aller au-delà (pont) Adu
Dupré < chemin (pré) de Adu
Duret / Duriez < ce qui fait durer Et-
Fouquet < chemin (fouq) de Et-
Gallet / Gallois < chemin (call) de Et-/ Oes-
Genet < fils (gen) de Et-
Gosset < fils (goss) de Et-
Hat / Haté / Hatté
Huguet < chemn (*hug, comme fuq*) de Et-
Maillet < qui conduit au loin (mail) Et-
Piat < ce qui fait vivre (voir les Uiducasses) At-
Pollet < ce qui conduit au loin (angl: *to pole* = faire avancer) Et-
Poulet < qui conduit au loin (angl: to pull) Et-
Pouget < chemin (*poug, comme fouq*) d Et-
Quinet <   ce qui fait aller au-delà (quin, voir les études sur Aregenua) Et-
Richet / Richez < chemin (gaul: ritu) de Et-
Thiébaud/ Thiébaut (< Thié-bard) <   descendant de Ati
Tison < Ati-son = fils de Ati
Vatier
Villette < fils de Et-
Watte / Watier / Waziers etc...

les **Baiocasses**

(région de Bayeux (Calvados))

Comme les *Uiducasses*, que l'on devrait appeler les **Uiicasses*; les *Baiocasses* ont un nom double: on trouve aussi leur nom sous les formes: ***Badiocasses / Bodiocasses***.

De même, la raison est seulement un changement de suffixe agentif: *-ya* (*Bai-ya*) au lieu de *–adya / attia (Ba-adya)*.

Il faut préférer *Baiocasses* à *Badiocasses,* puisque la capitale se présente sous sa forme usuelle: *Baiocas* (début Vè s.)(Baio-cas = qui assemble les *Baii*) > *Bayeux.*

Sur le plan phonétique, il est à noter que le */o/* de *Baiocasses* est dû à la mutation phonétique *Baii-urcasses > Baiio-casses.*

La signification académique est encore une fois un surnom!   -issu de l' image enfantine que donne l' irlandais médiéval: *buide-chass* = qui a des boucles blondes (*buide* = blond + *chass* = chevelure)(XD1-63)

Delamarre parle de l' affaiblissement et disparition du "d"... totalement phantasmé...

La signification est à rechercher dans les étymons qui ont donné l' anglais: *boy* = garçon (jeune homme).

L'ODEE parle du moyen anglais: *boie, bay, bey(e), bye, bwey* = male servant, man of low estate.

La signification -et même la phonétique !- sont à rapprocher de l' ancFR: *fé / phé* (voir aux Uiducasses).

L'ODEE se trompe quand il rattache le mot à l' ancFR: *embuier* = mettre aux fers; donnant ainsi à *boy* le sens d' esclave, serviteur.

"*boy*" est un des anciens mots signifiant "homme".

Je tairai l' étymologie védique...

Comme pour les Uiducasses, l' étymon est "la vie" < grec: *Bio*-s

Cet ethnonyme est fréquent dans le monde.

Signalons quelques exemples aux sceptiques:

-les *Moï* = peuple de l' Indochine et du sud de la Chine.

- les *Mohicans* (Mohi-can = tribu des *Mohi*) = tribu d'Amérique du nord.

<u>Un peu de phonétique:</u>
Buaii peut s'écrire et se prononcer de multiples manières
- mbai
-ambi
-puaii
-uaii
-etc...

<u>Noms de personnes antiques:</u>
- Abii (+ Abboioces –Abboi-o-ces- , dans une inscription, qui peut être le nom d'une famille)
- Amio, Ami-us, Ammi-us
- Ampio, Pio
- Appi-us
- Bio
- Biueio ?
- Boiio, Boi, Boiiorix, Boius, Boiuu-
- Boui / Bouio
- Buio, Buiio
-Fe
- Mai, Maio, Mai-us
- Mei-us
- Moi, Moe-us
- Pi-us
-etc...

<u>Noms de familles actuels courants en Normandie :</u>

- Bailleul < *Baill-url
- Bayeux = qui assemble les *Baii*
- Billon, Bouillon (< antique: *Bio*)

- Boivin (Boi + le suffixe "-uin / -win") = descendant de *Boi*. Oserais-je men-
tionner l'étymologie académique de ce patronyme ? – qui boit du vin...
quand je vous dit que ce sont des enfants...
- Feuillet < descendants de *Fe (Fei* + suffixe familial *-et)*
- Maillé, Maillard, Mahé == *mBaillé, *mBai-ard
- Millet == *mBii + suffixe familial *-et*
- Poisson (avec influence du FR: poisson) < mPoi-son = fils de Boi.
- Voisin (avec influence du FR: voisin) < Boi-sin = fils de Boi.

les **Cadurci**

(région de Cahors)

Les *Cadurci* signifie "le peuple des ***Urci***".

cad- est phonétiquement égal aux autres formes *cass-* / etc...

Leur capitale Cahors après s'être appelée *Cadurcum* OU *Caturca* jusqu' au IXè s, a vu son nom modifié en *Cauricio* (1200), *Caours* (1259), *Caurs* (1279) (Nègre-153).

Plutôt que de parler d'un amuïssement assez improbable de la dentale (d /t), je parlerais d'un changement d' élément signifiant "qui assemble", dû au changement de suffixe agentif. Nous avons l'exemple, entre autres, de l' ethnonyme les *Cauares* < cau-Ares = qui assemble (Ka-ua) les *Ari*.

Les suffixes *-atta / -adda / -atsa* ET les suffixes *–ua / -u* sont tous agentifs (voir le sanskrit) > *caua = cada-*.

La région des *Cadurc*i, a donné le nom *Quercy* < cau-Eurci = qui assemble les *Eurques

L' ethnonyme *Urc-* est un des plus prolifiques dans le monde.

un peu de phonétique (sans laquelle vous ne comprendrez rien !):

Veuillez intégrer le fait que les phonèmes gutturaux ont parfois été prononcés r / rk / k / lk / etc...

Les *Urc-* existent sous de multiples formes de par le monde:

- **Ac,** voir *Aques*

-**Aequi** = peuple du Latium = les Eques

-**aire** = homme, en irlandais médiéval

- **Aques** (== *Arques**) < dans le nom de région: *Aquitania* <   où résident les *Aques* (*-tania*; voir FR: *tanière*; ancC: *san*, gaulois: *dun*, angl: *town*, etc...).

-**Ari / Ares** , dans l' ethnonyme les *Cauares* < qui assemble (cau-) les *Ares*

- **Aru** < véritable nom du peuple des *Aruerni* (Auvergne) < Aru-arn = qui assemble les Aru (*-arn* est connu par ailleurs)

-**Ârya** (Inde) == *Arci

-**Eques**

-**folk / volk** = signifie "le peuple" en anglais et en allemand < les hommes.

- **Hawk** = faucon en anglais, repris de manière erronée pour de nombreux noms de tribu (hawk == olc / uolc)
-**hires** = hommes, en ancien Celtique
- **herr** = monsieur, en allemand
 -**herry** = homme, en ancFR
-**Hurons** (Amérique du nord)
-**Or-** < à l'origine du toponyme Orange (Vaucluse)
-**Uauc** < à l'origine du nom de la région d' Orange: le Vaucluse (qui assemble –*cluse*- les *Uauc*)
- **uir** = homme, en latin == uirc-
- **Uoc-** < du nom de peuple les *Uocontii* (peuple gaulois entre le Rhône et la Durance) = les Voconces < Uoc-cont- = qui assemble les *Uoc*. Voir le latin: *concieo / concio* = assembler < *conts-ya. Etymon qui aussi donné: un comté, etc...
- **Uolcae** = peuple de la Narbonnaise
-**Uolcentini** = peuplade étrusque
-**Uolciani** = peuple d' Espagne

<u>Noms de personnes antiques:</u>
- Acco, Aci, Acui, Axi
- Aeggu, Ago-marus, Agorix, Go,
- Aerci-,
- Aerio,
-Aicio-gnus, Icio-genus, Aico-uind-us
-Alc-us, Alco-uinos
-Aqui, Aqu-s
-Arco, Arco-turus, Arcu-ius, Arcu-sin-us
-Aregius (= *Argius ET Regius)
-Arei, Are-us, Ario
- Ari-us, Arri, Arecumb-us (*Arcumb; voir PTN anglais: Holcombe), Areo-bindus, Are-tullus
-Arqu-us
-Arro, Arron, Arru-s, Aru-senus
-Arui
- Auar-us, Auarici (*Auarci)
-Auauci = Uoci

-Auci-us, Auco, Aucon-ius
-Aug
-Auri
-Auric-us (=* Aurci)
-Aurio (Aurioni)
-Axo
-Ecco (Eccon-is), Eci-marius
-Eici
-Ego, Egui
-Elci (== Helicus), Elci-mar(us)
-Eri-us, Erau (=Ero)
-Exi < Eximnus == *Eccimanus
-Ercui, Erci-lingus
-Eric-us (= Ercu-s)
-Erigi (== Regius)
-Ero, Eron
-Erri
-Euro-rix
-Face, Feic-us, Felicis (== *Felci), Fuce, Fuc-us
-Furi-
-Her-, Herc ?
-Hirr-us
-Hoc (voir Auc-us)
-Horu-s
-Iac-us, Iacch-us
-Iar-os, Iarei-
-Icc-us
-Ira-man-us
-Iricu (=? *Ircu), Iriccon
-Iuc-us, Iugi
-Iurc-, Iurcau, Iurc-inius
-Iuri, Iuricus (=Iurcus)
-Ocii, Oco, Ocon-is, Occus (= Aucu-s)
-Ogi
-Oic- (= Uicio), Oico, Oicon-is
-Orc-os, Orge-torix, Orgius, Orig-us (= Org-us)
-Oxi, Oxi-car-us
- Regius (voir Aregius)

-Rio (< Ario)
-Uac-us, Uacc-us, Uagai-mon-us, Uaic-
-Ualgi-
-Uarco, Uarcon-is, Uaric-is
-Uari, Uar-us
-Uarr-
-Uarro-tal-us
-Uaxi, Uax-us
-Ucci, Ucco, Uccon-is
-Ucontius < ? Uc-contius; comme ETN: Uoconti
-Uegii
-Uelci
-Uercio, Uerc-us, Uercon-us; Uergunni (famille ?)
-Uere, Ueri, Ueri-us, Ueric-us (= ? Uercus), Uer-us
-Uic-us, Uic-tor
-Uire-cundus, Uirei-us
-Uiri, Uiricu (= ? *Uircu), Uiro-marus
-Uix
-Ulca-gn-us, Ulici (= ? *Ulci)
-Uoci
-Uolc-us
-Uor-us
-Ur-us, Urac- (= ? Urc-), Urago (= ? Urgo)
-Urgu-lani-us ?
- Uri, Urion (*Urio)
-Uxe-sin-
-Uxiiu ?
-etc...

<u>Noms de familles actuels courants dans le sud-ouest:</u>
-Fauché / Faucher < Folce
-Faugère < Folg-ère
-Fauque, Falque
-Foulcher
- Fournet < nés de *Furi.*
-Furlan (Fur-lan < descendants de Furc-)

-Hourc, Hourquet
-Huguet (Hugu + suffixe –et)
-Jarry, Jarrige <(< Iarei)
- Jouhaud < ? Iur-hard
- Juge < Iugi
- Ourcival < descendant de Ourci
- Ourgaud (< Ourg-hard)
- Uc
- Vacher < Uac-us
- Vaur
- Verger < Uerc-us   (angl: Fergu-son)
- Vergne < Uergunni
-Vic, Vicq
- Vigier < Uegii

les **Cenomanni**

Région du Mans.

Cet ethnonyme est avec évidence "le peuple des ***Mann***".
L' élément *cen-* signifie "qui assemble". On le retrouve dans le latin: *gens* = famille, peuple; également dans le grec: *koinos* = commun; *koinotês* = communauté. J'estime que l' étymologie est: *ka-un* = qui fait (ka) l' unité (un).

La signification est bien connue: "les Hommes", puisque got: *manna* = homme.
En skr, *Manu* est le nom du premier homme, qui est celui qui pense, puisque *MAN* signifie "penser".

En anthroponymie (et en toponymie), l' élément *-man-* prête à confusion, pour plusieurs raisons:
1- il signifie aussi "qui fait aller en avant", c'est-à-dire "descendant / fils ".
Voir par exemple, gaulois: *man / mand* = chemin (vol.148).
2- il peut aussi signifier le contraire ! Exemple, latin: *maneo* = rester, demeurer; il signifie aussi "assembler", voir latin: *manus* = troupe, bande d'hommes.

L'ethnonyme *Man* est fréquent dans le monde.
Citons: les *Mandi* ET/OU *Mandaei* (Gaffiot).
les *Comanches* (Amérindiens) < cau-Man = peuple des **Mants*. Voir , par exemple, all: *mensch* = homme.

La région des *Cenomanni*: le *Maine*
 Leur capitale: Le *Mans*

<u>Un peu de phonétique</u>, *man* a pu se prononcer et s'écrire:
-aman, amn
-ban / mban / amban (voir gaul: *bena / bna* = femme, vol.5)(alternativité des labiales *m == mb*, en gallois, la nasalisation de b > m); de la même manière, dans de nombreuses langues, *ben* signifie "fils" !, voir plus haut les significations de *man*)

-eman, emin
-fan (en gallois, mutation adoucissante du m > f)
-hman, human
-imen
-mun, mon...
-oman
-pan (en gallois, la nasalisation de "p" donne "mh")(dans la langue dravi-
dienne "récente": *pen / pön* = femme, voir vol.5)
-uman

Noms de personnes antiques:
-Amian-us, Amon, Aman-us, Amiin-us, Amen-us...
-Emin-us
-Hymnu-s
-Mon-us
-imanni, imuni, immunus
-Mandi, Mainii, Mando, Mane, Manni-us, Mant-us, Mans-us...
-Menos, Men-us, Miin-us, Mini-us, Menti
-Monti, Mon-us...
-Mun-us
-Omo, Omon (Omonis)

Noms de familles actuels courants dans la région du Mans
-Manceau < Mants-yar = descendant de Mand-us
-Mansois < descendant de Mans-us
-Mauboussin < Omo-poussin = enfants de Omo(n).
-Ménard < Men-ard = descendant de Men-us
-Ménager < Men-ager = qui assemble les descendants de Men
- Mézière < ? *Ments-ier = descendant de Mans-us
-Monsainjean < Monts-ainjean = engeance de Mans-us
-Montaillé < Mont-aillé = descendant de Mont-us

les **Coriosolites**

Région de Corseul (Côtes-d'Armor)

Les *Curiosolites / Cariosuelites / Coriosuelites*.
Cet ethnonyme comprend un élément signifiant "tribu, peuple"; il s'agit de -*solita*, que l'on retrouve dans le FR: *solitaire* ET *sorte*.
Les deux mots ont leur équivalent en latin: *solitarius* = seul, isolé ET *sors (sortis)* = attributions, catégorie, etc... Les deux paradigmes sont identiques: *solita-arius* == *sorita-arius ET *sort-* = *solt.
Il s'agit donc du peuple des *Cori*; mais comme les *Redones* voisins, il s'agit du peuple des **Hor-** OU **Urc-** (Voir les *Cadurci*), en raison de la fricativité des éléments intensifiants du mouvement.
L' élément *solt-* explique tout le paradigme toponymique des *Sault*...

L' ethnonyme *Ar- / Urc-* est un des plus prolifiques dans le monde.
L'exemple le plus clair, malgré sa phonétique latine, est *uir* = homme.
Mais dans les langues celtiques il est aussi central: ancC: *hires* = des hommes; ancFR: *herry* = homme, etc...
On retrouve la mutation phonétique fricative dans le gallois: *gŵr* = homme (en phonème initial, par exemple) > avec la mutation adoucissante: *ŵr* >
les **Ŵr / Aur / Waur / etc...**
On rejoint la phonétique du sud-est de la France, avec un site peu connu dans la Drôme: le Rocher des *Aures*, qui est un site religieux composé de "petites matrices" (ventres) dans une falaise, qui servaient aux rites funéraires.
L'abondance des fragments de céramique avait classé jusqu' à présent le site sous le vocable passe-partout "oppidum", appellation on ne peut plus fantaisiste.
Comme les anciennes populations s'appelaient les *Ares* OU les *Aurc*, on peut supposer que le site le rocher des *Aures* a été appelé ainsi pour faire référence aux anciennes populations gauloises païennes.

Une de leurs capitales s'est appelée *Corsult* (env.869, Billy-213) > auj. Corseul.

Je répète ce que j'ai écrit à l'entrée **Cadurci**

un peu de phonétique (sans laquelle vous ne comprendrez rien !):
Veuillez intégrer le fait que les phonèmes gutturaux ont parfois été prononcés *r / rk / k / lk /* etc...
Les *Urc-* existent sous de multiples formes de par le monde:

- **Ac,** voir *Aques*
-**Aequi** = peuple du Latium = les Eques
-**aire** = homme, en irlandais médiéval
- **Aques** (== *Arques) < dans le nom de région: *Aquitania* < où résident les *Aques* (-*tania*; voir FR: *tanière*; ancC: *san*, gaulois: *dun*, angl: *town*, etc...).
-**Ari / Ares** , dans l' ethnonyme les *Cauares* < qui assemble (cau-) les *Ares*
- **Aru** < véritable nom du peuple des *Aruerni* (Auvergne) < Aru-arn = qui assemble les Aru (-*arn* est connu par ailleurs)
-**Ârya** (Inde) == *Arci
-Eques
-**folk / volk** = signifie "le peuple" en anglais et en allemand < les hommes.
- **Hawk** = faucon en anglais, repris de manière erronée pour de nombreux noms de tribu (hawk == olc / uolc)
-**hires** = hommes, en ancien Celtique
- **herr** = monsieur, en allemand
 -**herry** = homme, en ancFR
-**Hurons** (Amérique du nord)
-**Or-** < à l'origine du toponyme Orange (Vaucluse)
-**Uauc** < à l'origine du nom de la région d' Orange: le Vaucluse (qui assemble –*cluse*- les **Uauc**)
- **uir** = homme, en latin == uirc-
- **Uoc-** < du nom de peuple les *Uocontii* (peuple gaulois entre le Rhône et la Durance) = les Voconces < Uoc-cont- = qui assemble les **Uoc**. Voir le latin: *concieo / concio* = assembler < *conts-ya. Etymon qui aussi donné: un comté, etc...
- **Uolcae** = peuple de la Narbonnaise
-**Uolcentini** = peuplade étrusque
-**Uolciani** = peuple d' Espagne

<u>Noms de personnes antiques:</u>

- Acco, Aci, Acui, Axi
- Aeggu, Ago-marus, Agorix, Go,
- Aerci-,
- Aerio,
-Aicio-gnus, Icio-genus, Aico-uind-us
-Alc-us, Alco-uinos
-Aqui, Aqu-s
-Arco, Arco-turus, Arcu-ius, Arcu-sin-us
-Aregius (= *Argius ET Regius)
-Arei, Are-us, Ario
- Ari-us, Arri, Arecumb-us (*Arcumb; voir PTN anglais: Holcombe), Areo-
bindus, Are-tullus
-Arqu-us
-Arro, Arron, Arru-s, Aru-senus
-Arui
- Auar-us, Auarici (*Auarci)
-Auauci = Uoci
-Auci-us, Auco, Aucon-ius
-Aug
-Auri
-Auric-us (=* Aurci)
-Aurio (Aurioni)
-Axo
-Ecco (Eccon-is), Eci-marius
-Eici
-Ego, Egui
-Elci (== Helicus), Elci-mar(us)
-Eri-us, Erau (=Ero)
-Exi < Eximnus == *Eccimanus
-Ercui, Erci-lingus, Erc-us
-Eric-us (= Ercu-s)
-Erigi (== Regius)
-Ero, Eron
-Erri
-Euro-rix
-Face, Feic-us, Felicis (== *Felci), Fuce, Fuc-us
-Furi-
-Her-, Herc ?

-Hirr-us
-Hoc (voir Auc-us)
-Horu-s
-Iac-us, Iacch-us
-Iar-os, Iarei-
-Icc-us
-Ira-man-us
-Iricu (=? *Ircu), Iriccon
-Iuc-us, Iugi
-Iurc-, Iurcau, Iurc-inius
-Iuri, Iuricus (=Iurcus)
-Ocii, Oco, Ocon-is, Occus (= Aucu-s)
-Ogi
-Oic- (= Uicio), Oico, Oicon-is
-Orc-os, Orge-torix, Orgius, Orig-us (= Org-us)
-Oxi, Oxi-car-us
- Regius (voir Aregius)
-Rio (< Ario)
-Uac-us, Uacc-us, Uagai-mon-us, Uaic-
-Ualgi-
-Uarco, Uarcon-is, Uaric-is
-Uari, Uar-us
-Uarr-
-Uarro-tal-us
-Uaxi, Uax-us
-Ucci, Ucco, Uccon-is
-Ucontius < ? Uc-contius; comme ETN: Uoconti
-Uegii
-Uelci
-Uercio, Uerc-us, Uercon-us; Uergunni (famille ?)
-Uere, Ueri, Ueri-us, Ueric-us (= ? Uercus), Uer-us
-Uic-us, Uic-tor
-Uire-cundus, Uirei-us
-Uiri, Uiricu (= ? *Uircu), Uiro-marus
-Uix
-Ulca-gn-us, Ulici (= ? *Ulci)
-Uoci
-Uolc-us

-Uor-us
-Ur-us, Urac- (= ? Urc-), Urago (= ? Urgo)
-Urgu-lani-us ?
- Uri, Urion (*Urio)
-Uxe-sin-
-Uxiiu ?
-etc...

<u>Noms de familles actuels courants dans la région de Corseul</u>
Avril < *Aurii / *Gaurii = descendant de Auri
Cariou < gArius
Carré < gArii
Cosson < ? Cor-son = fils de Cor- (Voir le PTN britannique: *Carson* ET *Courson*
ci-dessous)
Courson / de Courson < fils de Cour- / *Hour- (parallèle avec le PTN italo-
corse: *Orsoni*)
Derrien < d' Erian-os
Doré < d' Aurii
Durand < d'Uran-io
Gaubert < ? *Gaur-bert = descendant de gAuri.
Guérin <   Guér-in = descendant de Guer / gHer
Guyomard   < Guiro-mar = descendant de Uiro
Hervé < Her-vé = descendant de gAir- (sens un peu différent du prénom)
Jégo / Jégou < ? *Jergo = descendant de Herg- (voir le port des Côtes-
d'Armor: *Erquy* = le lieu des *Erc*.
Lécuyer < alla-guir-ier = descendant de Guiro / Uiro
Leroux < all-Eruc-us = descendant de Eruc-us / Erc-us
Lévêque < alla-uerc = descendant de Uerc-us
Oger < Org-er
Quéré   < (c)Uirii = fils de Uire
Rémond < Are-man = descendant de Are
Revel < Are-vel = descendant de Are
Rio / Riou < Ario / Ariu-s
Roux < Arruc-us
Urvoy = chemin de Ur

<u>Noms de familles actuels courants en Bretagne</u>
Corre, Le Cor
Lecorre < alla-gAuri = descendant de gAuri

les **Menapii**
Région des Flandres

L'ethnonyme est composé de l' ethnonyme les **Apii**, déjà vu lors de l'étude
des *Uiducasses* et des *Baiocasses.*
Il existe deux hypothèses pour men- :
1- du paradigme *manus* ((en latin > troupe, bande d'hommes); got: *midd*
(*mind) = ensemble.
2- du paradigme de l' anglais: *mind* = esprit; got: *muns* = pensée. Ce qui ferait
de l' ethnonyme "les êtres vivants pensants".
Je pencherais pour la première hypothèse.

Les *Menapii* eurent plusieurs capitales:
-Cassel < *Castellum Menapiorum.*
- Tournai (en Belgique) < *Turnacum.*

Cet ethnonyme –les *Apii*- fait partie du groupe signifiant "les Vivants / les
Etres Vivants" (voir à *Uiducasses*).
Il correspond à l' ancFR: *fé / phé* = homme.

<u>un peu de phonétique</u>:   *Api* a pu s'écrire et se prononcer:
-abi, abu, afi, ambi
-epi, efi, emi
-ibi, ipi, impi...
-hapi, hipi...
-mi
-opi
-uapi, upi
-vipi
-wapi

<u>Noms de personnes antiques</u>:
-Abi, Abii, Abiani
-Ambiani

-Appi-us
-Apf-us
- Bio
-Ebu-s, Epo, Epiu, Epho, Eppi
-Habi, Hippi-us
-iappu-s
-Oppi-us
-Obue
-Pi-us
-Pu-s
-Uabi-us, Uapi
-Uibii, Uimpi, Uipi-us
-Upi-, Uppo

<u>Noms de familles actuels courants dans la région des Flandres</u>
Dubiez < d'Ubius
Dubois < d' Upi [upwi]
Dupuis < d'Upi [upwi]
Eppe
Fié / Fiez (*Aphii)
Happe
Labbez < all-Abius = descendant de Abi-us
Opy
Philippe / Philips < phil-Hippe = descendant de Hippi-us
Piat < Pi-at = descendant de Appi

<u>Noms de familles actuels intéressants, mais non-localisés précisément</u>
Bigard < Abi-gard / Abi-hard
Buisson < Abui-son = fils d' Abi
Hippe, Hipault, Hippert, Huppe
Lapie
Peson / Pesson / Pessin / Pisson < Pe-son =   fils de Pi-us
Puissant < Pui-ssant = fils de Apui

Vabois < Abui

les **Redones**

Région de Rennes.

On reconnaît dans ce nom, le suffixe *–ona* qui signifie "unir, assembler" (voir les *Turones*).
Le véritable ethnonyme est donc les *Red*, mais il ne faut pas s'arrêter là.
Je pense que les langues celtiques, entre autres, possèdent un phonème dû à la fricativité du souffle. Voir la partie 1b du préambule.
De la même manière que *huge* a donné *rouge* en toponymie française, ou que l'ancFR: *refermer* trouve son origine dans l' ancC: *hiformar*, tous deux à l'origine du FR: *raffermir*.
De la même manière, le "g" gallois, subissant la mutation adoucissante quand il est initial OU précédé de certains phonèmes, disparaît: Exemple: *gwyn* = blanc, devient *wyn* dans certains cas.

Par conséquent, j'en conclus que l' ethnonyme très courant les *At* / les **Et** OU les *Hat* / les *Het* a donné dans cette partie de la Bretagne les *Red* OU les *Hed*.
Voir par exemple les *Vénètes* (un-Etes).
Ainsi, l' ancien nom de *Rennes* serait *Condate* qui signifie "qui assemble les *Ates*". Pour *cond-* voir les *Cenomanni,* et le grec: *koinos* = commun; *koinotês* = communauté.

La capitale Rennes, après avoir été appelée *Condate* (IIè s.) , fut appelée *Redonas* (Vè s, *in* Billy), puis *Raenes* (XIIè). L'ethnonyme a subi les mêmes dérivations que les autres *Ates* == *Andes*, etc...
A mon avis *Raenes* < *Haen + suffixe locatif -es < *Haend + suffixe locatif < *Haed + suffixe locatif.

<u>Un peu de phonétique,</u> *red* a pu se prononcer et s'écrire:
-ad, aed, aet, and
-ed, et, end
-hat, had, het, hen...
-rad, ret, ren...
-uat, ued, uend...

<u>Noms de personnes antiques:</u>
Voir les *Vénètes*

<u>Noms de familles actuels courants dans la région de Rennes</u>
Briand < descendant de End-
Cochet < chemin de Et-
Collet < qui fait aller au-delà Et-
Delanoë < de Ano / Aeno
Duchêne < qui conduit en avant (duc) Haino
Haize (== Haiti / Aiti)
Hédé (== *Rédé)
Jamet < qui fait aller en avant (jambe) Aet-
Lainé < alla-Aini = descendant de Aini
Marquet < march-Ed = qui fait aller en avant Aet-
Moret < qui fait aller plus loin (more) Aet-
Redon   < qui assemble les Hed (plutôt Côtes-d'Armor)
Renard (*Henard) < descendant de Haini
Renou (*Henou)
Roze (*Hoze) < nom antique: Aus-us / Aut-us / Oti-us

<u>Noms de familles actuels courants en Bretagne</u>

Edern
Edon
Enès / Enez
Enisan < Eni-san = fils d'Aino
Hen, Le Hen
Hétez
Renan (< *Henan < descendant de Haino)
Reteau (< *(r)Ete-ar / *Hete-ar)
Rétoret < (r)Eto-ritu = chemin d'Eto

^{les} **Treueri**

Région de Trier (Allemagne)

Les *Treueri* OU *Treuiri*.

Les Trévires.

Depuis longtemps -encore THURNEYSEN qui décidément aura fait beaucoup de mal a la recherche celtique- les académiques ont interprété le mot comme "les Passeurs", à cause de l'irlandais médiéval: *treóir* = fait de guider, et la racine dite "indo-européenne": /uar/ > qui font passer la rivière (XD-300).

S' ils étaient un peu moins bornés, ces académiques auraient remarqué le mot *uer* = hommes.

latin: *uir*; ancC: *hires* (au pluriel); moyen irlandais: *aire*;, ancFR: *herry*, FR: le mot est encore employé dans l' expression: *un pauvre hère* = un homme misérable; etc...

Le premier élément *tre-* signifie "qui assemble", il se rapproche du mot "*tribu*". Il est utilisé dans d' autres ethnonymes...

Il faut le rapprocher de l' ancC: *triub* = de la tribu, donc probablement à un cas régime: *Leuetici generis* = *dí triub leui* = de la tribu des Lévi (voir vol.218). On peut supposer un nominal: *tri** OU *triu*.*

> les *Ueri*.

Cet ethnonyme est très courant, voir les *Cadurci*, par exemple.

Leur capitale *Trier / Trèves*. Le nom français ne comporte peut-être pas l' ethnonyme, puisque pour une capitale, le concept "lieu qui assemble" convient très bien (la finale *-es* est un suffixe locatif).

<u>un peu de phonétique</u> (sans laquelle vous ne comprendrez rien !):

Veuillez intégrer le fait que les phonèmes gutturaux ont parfois été prononcés *r / rk / k / lk / etc...*

Les *Urc-* existent sous de multiples formes de par le monde:

- **Ac,** voir *Aques*

-**Aequi** = peuple du Latium = les Eques

-aire = homme, en irlandais médiéval
- **Aques** (== *Arques) < dans le nom de région: *Aquitania* < où résident les *Aques* (-*tania*; voir FR: *tanière*; ancC: *san*, gaulois: *dun*, angl: *town*, etc...).
-**Ari / Ares** , dans l' ethnonyme les *Cauares* < qui assemble (cau-) les *Ares*
- **Aru** < véritable nom du peuple des *Aruerni* (Auvergne) < Aru-arn = qui assemble les Aru (-*arn* est connu par ailleurs)
-**Ârya** (Inde) == *Arci
-Eques
-**folk / volk** = signifie "le peuple" en anglais et en allemand < les hommes.
- **Hawk** = faucon en anglais, repris de manière erronée pour de nombreux noms de tribu (hawk == olc / uolc)
-**hires** = hommes, en ancien Celtique
- **herr** = monsieur, en allemand
 -**herry** = homme, en ancFR
-**Hurons** (Amérique du nord)
-**Or-** < à l'origine du toponyme Orange (Vaucluse)
-**Uauc** < à l'origine du nom de la région d' Orange: le Vaucluse (qui assemble
—*cluse*- les **Uauc**)
- **uir** = homme, en latin == uirc-
- **Uoc-** < du nom de peuple les *Uocontii* (peuple gaulois entre le Rhône et la Durance) = les Voconces < Uoc-cont- = qui assemble les **Uoc**. Voir le latin: *concieo / concio* = assembler < *conts-ya. Etymon qui aussi donné: un comté, etc...
- **Uolcae** = peuple de la Narbonnaise
-**Uolcentini** = peuplade étrusque
-**Uolciani** = peuple d' Espagne

<u>Noms de personnes antiques:</u>
- Acco, Aci, Acui, Axi
- Aeggu, Ago-marus, Agorix, Go,
- Aerci-,
- Aerio,
-Aicio gnus, Icio-genus, Aico-uind-us
-Alc-us, Alco-uinos
-Aqui, Aqu-s
-Arco, Arco-turus, Arcu-ius, Arcu-sin-us
-Aregius (= *Argius ET Regius)
-Arei, Are-us, Ario

- Ari-us, Arri, Arecumb-us (*Arcumb; voir PTN anglais: Holcombe), Areo-bindus, Are-tullus
-Arqu-us
-Arro, Arron, Arru-s, Aru-senus
-Arui
- Auar-us, Auarici (*Auarci)
-Auauci = Uoci
-Auci-us, Auco, Aucon-ius
-Aug
-Auri
-Auric-us (=* Aurci)
-Aurio (Aurioni)
-Axo
-Ecco (Eccon-is), Eci-marius
-Eici
-Ego, Egui
-Elci (== Helicus), Elci-mar(us)
-Eri-us, Erau (=Ero)
-Exi < Eximnus == *Eccimanus
-Ercui, Erci-lingus
-Eric-us (= Ercu-s)
-Erigi (== Regius)
-Ero, Eron
-Erri
-Euro-rix
-Face, Feic-us, Felicis (== *Felci), Fuce, Fuc-us
-Furi-
-Her-, Herc ?
-Hirr-us
-Hoc (voir Auc-us)
-Horu-s
-Iac-us, Iacch-us
-Iar-os, Iarei-
-Icc-us
-Ira-man-us
-Iricu (=? *Ircu), Iriccon
-Iuc-us, Iugi
-Iurc-, Iurcau, Iurc-inius

-Iuri, Iuricus (=Iurcus)
-Ocii, Oco, Ocon-is, Occus (= Aucu-s)
-Ogi
-Oic- (= Uicio), Oico, Oicon-is
-Orc-os, Orge-torix, Orgius, Orig-us (= Org-us)
-Oxi, Oxi-car-us
- Regius (voir Aregius)
-Rio (< Ario)
-Uac-us, Uacc-us, Uagai-mon-us, Uaic-
-Ualgi-
-Uarco, Uarcon-is, Uaric-is
-Uari, Uar-us
-Uarr-
-Uarro-tal-us
-Uaxi, Uax-us
-Ucci, Ucco, Uccon-is
-Ucontius < ? Uc-contius; comme ETN: Uoconti
-Uegii
-Uelci
-Uercio, Uerc-us, Uercon-us; Uergunni (famille ?)
-Uere, Ueri, Ueri-us, Ueric-us (= ? Uercus), Uer-us
-Uic-us, Uic-tor
-Uire-cundus, Uirei-us
-Uiri, Uiricu (= ? *Uircu), Uiro-marus
-Uix
-Ulca-gn-us, Ulici (= ? *Ulci)
-Uoci
-Uolc-us
-Uor-us
-Ur-us, Urac- (= ? Urc-), Urago (= ? Urgo)
-Urgu-lani-us ?
- Uri, Urion (*Urio)
-Uxe-sin-
-Uxiiu ?
-etc...

<u>noms de familles actuels courants dans l'extrême nord-est:</u>

-Adler < adl-Er = descendant de Er

Dans *les noms de famille en France*, sous la direction de Marie-Odile MERG-NAC, il est censé provenir du nom germanique *Adowar* < *ad-* = noble + -*wara* = protection.

Quant aux enfants Dauzat et Morlet, ils pensent au sobriquet signifiant "l' aigle" en allemand.

Je m' éreinte depuis des années à montrer que l' élément /atta / -utilisé en gaulois et en vieil anglais- possède plusieurs dérivations, dont /atsa/ et /atla/ OU /adla/ ...

-Arend / Arendt < Er-and = descendant de Er

-Aubry < *Aubery < ab-Eri = fils d'Eri

- Bach < ab-Er = fils d' Er

- Bauer < ab-Uer = fils de Uero (et non pas "le Paysan !")

- Érard = descendant de Er

- Fischer < fisch-ER = fils de Er (voir noms gallois: *fitz-*) (non pas le Pêcheur !)

- Gérard < *Hier-ard = descendant de Er (et non pas "la Lance Dure" !)

- Jaeger < ia-(g)Er = descendant de Er

- Lorentz < alla-Arendt (voir ce nom)

- Maire < mb-Air = descendant de Er (ab == amb)

- Marx < mb-Ar = descendant de Arq

- Mayer < mba-Air = descendant de Hair

- Meyer < mba-Air = descendant de Hair

- Muller < moul-Air = descendant de Air (voir FR: *moulin*)(racine: *ambul-*)

- Pierrard < ab-iAir-ard = de la descendance de Air.

- Pierre < ab-iAir = descendant de Air

-Pierron < ab-iAiro = descendant de Ero

- Quirin < gUir-in = descendant de Air

- Thierry < atti-Eri = descendant de Eri

- Vigneron < uin-Ero = qui fait réussir Ero (angl: *to win*; suffixe *-uin*)

- Voirin < Voir-in == Uer-in = descendant de Uer

- Waechter < Waech-ter == Uaer-ter = descendant de Uer

- Wagner < wagon-Er = descendant de Er (wagon = qui transporte en avant)

- Weber < (u)ab- Er = descendant de Er

les **Tricasses**

Région de Troyes

L' ethnonyme ***Taru / Tari*** est très fréquent en Gaule et dans le monde.
Le représentant le plus connu est le peuple des *Turcs* (phonème guttural: Ṛ
== rk).
Le pays gallo-franc qui succéda à la cité des *Tricasses*, s'appelle le *Troësin /
Troiesin /Tricassin*. Ces appellations confirme la forme originale de l' ethno-
nyme: *Taru-*.
Voir aussi les **Turones**, etc...
Leur capitales: *Troyes* est connue sous l' appellation *Tricasis* (IIIè s.), *Trecas*
(VIIè) puis est passée à *Troyes* (1292)(*in* Billy, page 545).
 J'explique cette dérivation par un abandon du suffixe *–cas*, remplacé par une
terminaison locative: *-is / -s*   > Taru-is > *Trau-is. (remarquez l'utilisation de
ce mot –Travis- dans le monde anglo-saxon en tant que prénom OU patronyme. *Troy* étant d' ailleurs aussi un prénom masculin / féminin)

Il y a une évidente parenté entre les *Taru* et le mot *taureau*, symbole très
utilisé dans l' Antiquité.
D'autre part, les *Taru* a été le nom que la mythologie grecque a donné à un
peuple ennemi des Grecs: les *Troyens*. Voir le décodage dans le vol.4: *la Première Histoire de l' Humanité*.

Si l'élément *tare-* dans les *Trévires* signifie "tribu", c'est que la combinaison
des éléments védiques *atta* et Ṛ signifie "qui fait l'action d'assembler"; mais
aussi, avec ou sans un élément agentif (amuï), "qui assemble vers l' avant".
/atta/ exprime le mouvement, l'action, le mouvement vers l' avant ou vers le
haut.

Ce groupe d'ethnonymes trouve son origine (connue) dans le concept sanskrit: *nṛ / nar* = homme, mâle, héros.
breton: *nerz* = force.
grec: *aner* (gén: *andros*) = celui qui engendre, l' homme.
anthrwpos = homme (comme je l' ai dit plus haut */atta / ant/* peut signifier
"vers l'avant" s' il existe un autre élément agentif, ici /pa/ - qui parfois peut
être amuï, ou indistinct, par exemple: /a/ua/u / o).

Il y a peu j' ai pu ainsi retracer les éléments qui ont construit l' ethnonyme: Dravidiens (skr: *Drauiḍaḥ*) qui est le même mot que le gaulois: *druid-* (voir vol.4: *la Première Histoire de l' Humanité*).

Le premier élément est encore précisé par la version galloise: *derwydd* = druid, wizard.

"wizard" ,en anglais, signifie "magicien, devin", mais aussi "expert, génie".

Delamarre raconte que l' élément *uid-* est depuis assez longtemps identifié comme "le savoir, savant" (XD1-148), mais il cite les deux hypothèses pour l' autre élément /dru/ :

1- sens intensif > les Très Savants (...très peu étayé)

2- d'après l' irlandais médiéval ou moyen: chêne, arbre > les connaisseurs des arbres. C'est l'hypothèse qu'il retient.

Mais la phonétique ancienne et les ethnonymes nous apprennent donc que *nar* a donné dans certaines langues européennes: *der / nder / ndr* + l' équivalent avec "t" à la place du "d".

Armés de cette information capitale, il y a une évidence, qui fait des druides OU Dravidiens: les Hommes Savants.

Au Proche-Orient, ces "continuateurs" des Dravidiens se sont appelés "*darwîch*" (FR: derviche), sorte de prêtres mystiques.

<u>Un peu de phonétique</u>, *nṛ*   a pu se prononcer et s'écrire

-aner / ander / anter / inter

-der / dra

-ender / enner

-handr

-inder

-onter / oner

-ter / tur / tr / turc

-uander / unar / unter / untel

<u>Noms de personnes antiques:</u>

-Adari, Adeili, Adiacius (*Adiarci), Adercius (*Aderius), Aduri-us...

-Aeturu-s

-Anderes

-Anailli, Anari-us

-Anderc-us (Ander-us), Andec-us
-Andrad- (andr + suffixe agentif-*ad*)
-Anexi (*Anerci)
-Anteros, Antros
-Antullus
-Atar-
-Ateco (même paradigme que ETN: Aztèques)
-Ater-us, Atru-s, Ateul-
-Atrei-us, Atri, Atri-us, Atro, Attro
-Atul-ianus (< Tull-us)
-Aturios
-Dario, Darius
-Derc-us
-Dori
-Dronius (< Andro / Andron)
-Durio, Duru-s
-Enri
-Eterei-us, Etari-
-Hdru (pour *Hadru, Aduri-us)
-Hotarri
-inderc-, inirix, intircius, itur, ityri-us, itulu-s, ittixo
-Naci-, Naru-s, Nard, Naris...
-Neg (PTN français: *Neige*), Nerru-s, Nerti-us, Neri, Neq-us...
-Niri-us, Nori, Noru-s, Nuri
-Onnior-us, Onarto, Onaru-s
-Tari-us, Talio, Taruus, Tauri, Taurian-us...
-Tercius, Terru-s, Teri...
-Teuri-us
-Tiro
-Tori
-Tran-us
-Trouc-
-Trou-s, Trucian-us
-Turci-us, Ture-us, Turai-us, Turi-us, Turos
-Uanderi, Uaderi, Uadul, Uaturu-s
-Unert-us

<u>Noms de familles actuels courants dans la région de Troyes</u> (département de l'Aube)

-Dorigny < *Dori-geni = descendant de Tori
-Droupt < descendant de Trou
-Durville < descendant de Duri
-Henriot (+ Hendricks ?)
-Théry, Thiérard
-Torcy < *Torci < Taurici-us
-Train
-Tricoche < qui assemble les Tri (autre prononciation de *Tricass-*)
-Troyes

<u>Noms de familles actuels intéressants, mais non-localisés</u>

Durchon < ? Dur-son
Durvin <   descendant de Duri
Trébert < descendant de Tari (*Tribert)
Trie
Trouillard / Truillard (en Champagne) < *Trui-ard
Turc

les **Turones**

Région de Tours.

On retrouve dans *Turones* l' élément suffixe / préfixe) *–ona-* que l'on retrouve dans de nombreux ethnonymes. Il signifie "qui assemble / qui unit"
(ancFR: *onier* = unir)
Il s'agit donc du peuple des *Turi* OU *Tauri*, nom très fréquent.
Voir mes analyses à les **Tricasses**.

Leur capitale *Tours* est leur vrai nom (*Tur-*) suivi du suffixe locatif *–s*.
Leur région- la *Touraine-* est leur vrai nom (Tut-) suivi du même suffixe que le
nom latin: *-aina < oina / ona.*

 Noms de personnes antiques:
Voir à les *Tricasses*
+ Turranius, Torni, Turoni, Turonis, Turino, etc...

Noms de familles actuels courants dans la région de Tours

Dorsay < Dor-say = chemin de Dor-
Duray (== Turai)
Touraille
Touraine
Tournier < ? Tourini-er = qui assemble les Turini / Torni
Tournon < ? Touran-an = descendant de Turran
Tresin (== Tre-son) < fils de Ture
Trouvé < Trou-vé = chemin de Turu

Noms de familles actuels intéressants, mais non-localisés

Doré
Dorsenne < Dor-son = fils de Dor-
Duron
Tourain

Turion

les **Uenetes**

Région de Vannes

L'observation du Gaffiot montre qu'un élément antique signifie "qui unit / qui assemble".

Cet élément, probablement celtique puisqu'il existe dans l' ancC, se retrouve dans le latin: *unio* = unir, réunir.

uen-Etes = qui réunit les **Etes**.

On retrouve l' élément *un-* dans d'autres ethnonymes, exemple: les *Unelli* = le peuple des *Aele*s.

L' ethnonyme les *Etes* est très fréquent dans le monde. Plus particulière-ment, on le retrouve au nord du territoire des Vénètes, celui des *Redones*. Voir à ce mot.

Les *Uenetes* est aussi un ethnonyme présent dans le nord-est de l' Italie. Il a donné la ville de *Venezia*, et la région qui s'appelle la *Vénétie*.

Une de leurs capitales: Vannes < *Benetis* (400), *Venetis* (VIIè s) (*in* Dauzat) = qui assemble les *Etis*.

Une ville: Hennebont < *Henbont* (1037) < ville des Hen < gaulois: *bona* = habitation (vol.148)

<u>un peu de phonétique</u>
Le mot *Et-* peut s'écrire et se prononcer

-Ad-
-Aed- / Aet-/ Ait- / etc...
-At-
-Ed-
-Es- , Ez-
-Hat-, Het-, etc...
-Il-, Id-
etc...

A cette liste à développer, il faut ajouter, au minimum, les mots créés par la fricativité du souffle:
Ret- , Red, etc...

(et probablement certains Cat-, Cad- , etc...)

A ces listes, il faut également ajouter les phonèmes alternatifs aux dentales:
/nd / nt / nn / etc...
-And, etc... (ETN: les *Andes*)(voir FR/angl: *et / and* !)
-Hend-, Henn-, etc... (Voir NL: Hennebont, Rennes, etc...)

<u>Noms de personnes antiques:</u>

-Adi, Adius
-Aed
-Aedu-us (ETN: les Eduens- *Aedui, Haedui*)
-Aes-us, Aesso, Aest-us
-Aet-erni, Aeto (Aetonius), Aetus
-Ait-us, Aiti
-Edo, Edi-, Edui-s, Edu-us, Endui, Eni-mari, Enno, Ennius, En-us..
-Essi-us, Esu-genus
- Etai
-Etou-, Etti, Etus
- Etto (Ettoni)
-Etto-rigi, Ettorix
-Eut-
-Hidu-
-iate, iasse, iatti
-ide (il existe un PTN actuel: *Ide*)
-issus
-ito, itto, itus, ituo
-Oit-, Oesi, Odu-, Ott-us
-Uttu

<u>Noms de familles actuels courants dans l' est de la Bretagne :</u>

-Coent / Coet / Couet < co-Ent = qui assemble les *Ent- / Et-*
-Edern < Ed-ern = descendants de *Ed*
-Hédé

-Hen, Le Hen
-Huedez, Le Huedé

A mon avis, *Duez* est l' aphérèse de *Eduez.

Voir aussi **les Andes.**

les **Uiducasses**

(région de Caen)

Dans mon préambule, j'ai signalé que l' élément *cass-* signifiait dans certaines langues gauloises: peuple, tribu.
Il me semble utile d' ajouter quelques renseignements: L'étymologie védique
signifiait "qui fait l' assemblage". Ce qui explique d'une part le sens de
"peuple" pris dans certaines langues, mais aussi le sens pris dans d'autres
langues:
1- territoire, pays. Comparable au FR: *case* = espace délimité.
2- habitation, ville. Comparable au FR: *case* = maison rudimentaire. Esp: *casa*
= maison.
Il existe de multiples exemples dans le monde, dans les langues anciennes ou
les langues modernes...

1- exemples: **Uiducasses** = peuple des *Uidu*.
Tricasses (région de Troyes) = peuple des *Tri / Teri* > leur capitale: *Trecae*
(Troyes) < Tre-Ka- = qui assemble les *Teri*.
Tricastini (Drôme) = peuple des *Tri / Turi*.
Les linguistes passés ont souvent essayé de traduire *Tricastini* par les "trois
tribus"... Peu probable, puisque *Tri / Teri* est un nom de peuple assez courant
dans le monde..

2- autres exemples: **Cad-urci** (Aquitaine) = peuple des *Urci*.

Commençons par une anomalie phonétique:
Une des capitales du peuple des *Uiducasses* est appelée *Vieux* après le
Moyen Age (*Vieus* en 1294).
L'amuïssement du */d/* est très exceptionnel...pour ne pas dire intrigant.
Logiquement la ville aurait dû s' appeler **Vedieux*, évolution de son nom *Ve-
diocae* au XIIè s.
Comme on retrouve aussi son nom, au XIIè s., sous la forme *Veiocae*; on peut
en conclure que le peuple des *Uidu* possédait deux noms.

Laissons de côté, l'étymologie enfantine de Delamarre (XD1-318): "qui ont une chevelure comme un arbre", qui compare deux images: *uid-* avec l' irlandais méd: *fid* = forêt ET *cass-* avec l' irlandais méd: *buide-chass* = qui a des boucles blondes (encore une fois, hypothèse issue de l' impasse dans laquelle se sont fourvoyés les premiers chercheurs, qui ont recherché des surnoms ! et encore des surnoms ! ...et dont la critique n'est plus devenue possible, car ils appartiennent à l' académisme (la mafia) et reprendre leurs travaux nécessiterait trop d'efforts... car les chercheurs patentés ne travaillent que quelques heures par semaine, et encore ! est-ce que recopier les travaux des autres est un travail ?)

La vérité de l' Histoire (et des langues) est toujours dans les mentalités, c'est-à-dire dans la religion, l' ancienne science, l' ancienne conception du monde et du macrocosme.
Qu'est-ce qui définissait les hommes entre leur naissance et leur mort ?
- la vie.
La double appellation rappelle le parallèle latin / FR: *uita / vie*.
La différence entre les deux mots est seulement due au suffixe agentif: le latin utilise *–atta / yatta*, alors que le FR utilise: *-ya* (les deux suffixes sont familiers aux sanskristes, décidément bien discrets et pusillanimes... pour ne pas dire momifiés).

J' aimerais pouvoir l' expliquer par l' ancC, mais j' ai décidé d'arrêter mes traductions, car je ne vais certainement pas m' éreinter pour que d'autres récoltent les fruits de mon travail...

Le peuple, installé dans ce qui est maintenant une partie du Calvados, s'était appelé lui-même: les Vivants, c'est-à-dire "Ceux qui assemblent les ténèbres et la lumière", "Ceux qui se trouvent entre le ciel et la terre".

Cet ethnonyme est fréquent dans le monde.

En Gaule, cet ethnonyme est commun aux.
-**Baiocasses** (mbai-i)
- **Ambiani** (mbi-an)
etc...
Voir à ces peuples.

<u>Un peu de phonétique:</u>
les *Uidu* peut provenir d'une influence latine ou de l'influence de nouvelles populations ...
Néanmoins, l'ethnonyme est également un ethnonyme fréquent.

Les ***Uii***, me semble le mot traduisant le mieux ce mot gaulois: les *Vivants*, les *Etres vivants*.
On peut rencontrer ce mot sous les formes suivantes:
- ***Hii***
- ***Hue***
- ***Ii***
- ***Ei***
- ***Ai***
- etc...

<u>Noms de personnes antiques:</u>
-Aea-us, Ai-us, Ai-o, ...
-Aui-us, Eaui, ...

- Hu-us, ...
- i, io, ... (j'ai abandonné la majuscule pour plus de clarté)
- iu, iuii, iui, iu-o, ...
-Oiui, Uiui, ...
- U, Uo, Ue, Ueai-us, Ui, Uiai, Ui-us, Uiu-us, ...
Plus tous les noms (i, E, IV) passés inaperçus !

<u>Noms de familles actuels courants en Normandie :</u>
-Bisson < Bi-son = fils de Bi-o / Abii
- Hébert < descendant de *Hé / Ué*.
-Hervieu < élément germanique *her- / hari-* + *Uie*.
- Hivert / Hibert < descendants de *Hi*.
- Huard < descendants de *Hu*.
- Hue
- Vieux = qui assemble les *Uii*
-Vivier < descendants de *Uiu*
- Vihier < descendants de *Uih*

- Vibert < descendants de *Ui*
- Y (voir le supplément de Dauzat)

L' ancien FR a conservé *fé / phé* = homme (en général de basse condition)
qui pourrait être la dérivation de l' ancC: *fa** (acc.: *fam*) = homme (voir mon
vol.323).
Mais c'est l'anglais qui est le plus fidèle aux anciennes langues du nord-ouest:
pronoms personnels masculins: *he / him*.
gall: *ef / fe/ e / efe / efô / o* =   he
got: *aiw*-s = vie; skr: *aya* = fait d'aller en avant; *âyu* = vie; *i* = aller; *viyant* = espace entre le ciel et la terre.

Une autre de mes hypothèses, que je juge cependant peu probable, mérite
pourtant d'être citée:
Une des racines de la dualité bien connue, est: bi-.
*bi-cass- OU *bidu-cass-   pourrait désigner "les deux peuples" OU les deux
classes d'êtres vivants", où la finale *–du* pourrait être une trace d'un duel.
L'hypothèse - d'une différenciation hommes / femmes- est séduisante et
riche de sens, mais il me semble qu'elle ne repose pas sur d'autres exemples,
ou des précédents ou des postérieurs...
Sur le plan linguistique, le raisonnement est valable:
skr: *ubhaya*, got: *bai* = angl: *both* = les deux; le gotique a aussi *bajoþs*, qui est
l'étymon de l' angl: *both*. all: *beide*.
Le GED dit: "derived from stem in *bai*; but formation unclear". J' hasarderais
une flexion de duel (?)
Néanmoins, l' <u>angl / got</u>: *both / bajods* pourrait faciliter un rapprochement
uidu-casses / bodio-casses... ?

La racine */bai/* explique aussi le pronom personnel pluriel, 1ère personne: *we*.
got: *wei-s*; lithuanien: *uèdu*.
vieil anglais: ***we***, mais aussi ***wit*** au duel !!! (ODEE)
Dans le même paradigme, citons latin/ grec: *ambi- / amphi-* [mbi] = des deux
côtés.
La phonologie ancienne explique l' équivalence de ces paradigmes (voir 1f du
préambule).
Ce dernier élément se retrouve aussi souvent dans les ethnonymes.

En résumé, nous avons donc cet élément */ uii / uidu / bitu / ambi /* qui, à l'évidence, a toujours la même signification...
Que penser de ceux qui différencient ces éléments en autant de significations différentes ?
Voir XD1: ambi-, biuo-, bitu- , uid-, uidu-.
Qu'en est-il de la communauté de pensée des anciens hommes, pourtant souvent soulignée ?
Evidemment, quand on pense que les noms d'hommes sont des mots futiles, que l' on donne sans aucune intelligence, ni mentalité religieuse...

les **Unelli**

Moitié nord du Cotentin.

L'élément signifiant "peuple" est "un-", voir *Uenetes*. L'élément *un-* OU *-on* se retrouve fréquemment dans les ethnonymes du monde. ancFR: *onier* = unir.
Le véritable ethnonyme est les ***Elli*** OU ***Aeli***.

La signification est: les Hommes.   Le français a retenu le mot pour le pronom qui représente le masculin: *il*.
Une des versions principales du mot est: les *Gaëls*, "peuple celtique établi en Irlande et en Ecosse, vers la fin du 1er millénaire avant JC " (Larousse). La fricativité du souffle explique la valeur de gutturale prise par le souffle.
On retrouve l'intensification du souffle dans le même ethnonyme de la région de Rouen: les *Uelio-casses*.

Leurs capitales ont été appelées *Cosedia* (IVè s.) et *Constantia* (vers 400).
On identifie toujours *Cosedia* à *Constantia*. Cela ne correspond pas à mes constatations (que je présenterai prochainement). *Constantia* est effectivement devenue le siège de l' évêché: aujourd'hui, *Coutances*. Mais *Cosedia* ne possède pas du tout la même localisation, ni la même phonétique.
A ces capitales, il faudrait ajouter Cherbourg , Saint-Lô, et Valognes. Je reviendrai sur leur identité.
Juste une digression en passant: le nouveau nom de St-Lô, *Sanctus Loth* en 899 (Beaurepaire-200) ne peux masquer l' hypothèse la plus vraisemblable: "Sanctuaire des Aelo", d'autant que sa situation, à l'emplacement d'un pont sur la Vire, correspond à un emplacement traditionnel de sanctuaire.
Peut-être en lien, comme souvent, avec l' ethnonyme, on peut signaler le nom de la rivière qui traverse une partie du pays des *Aels*: l' *Elle*.

<u>un peu de phonétique</u>, *el / ael* a pu se prononcer et s'écrire:
-ail, ali, alu
-eil
-guil-, goil-
-heli

-ili
-oil-
-uel-, uil-
-veil-
-wil-

<u>Noms de personnes antiques:</u>
-Aeli, Aelian-us, Aeliomar-us
-Ailo, Ailio
-Ali-us, Alli
-Eli, Eliomar-us
-Gail-us, Gallo (Galloni)
-Gelli, Gellio (Gellioni)
-Heli, Helui, Hiili-us
-iallu-s, ielio (ielionius)
-illi, illiani, illio-mari
-Liomari, Liio, Leo
-Ueli-us, Uillo, Uli-dorix, Ulei-us, Ul-us

<u>Noms de familles actuels courants dans la Manche</u>
Alix (< Alec-ius)
Anquetil < anquet-Ael = qui fait continuer Ael- (voir ancFR: *enquiter* = rendre libre)
Gilbert < Gil-bert < descendant de gAel
Gille == gAel
Gosselin < goss-Elin = enfants d' ilin-us
Guillard < Guill-ard = descendant de gAel
Hamel < ab-Ael = fils de Ael (même construction qu'en Gallois)
Hamelin < ab-ilin-us)= fils de Ael
Houel < hu-Uel = qui fait aller en avant Ael (comme Juhel)
Juhel < u-Hel = qui coule de Hel
Villard < Vill-ard = descendant de Uill-o

les **Uocontii**

A l'est du Rhône, entre le Rhône et la Durance

Il faut écarter définitivement l'hypothèse de "les Vingt", sous-entendu: "les vingt tribus", hypothèse due à une légère ressemblance entre le breton: *ugent* = vingt.

Comme pour le mot Vaucluse, il faut distinguer la prononciation d'un ethnonyme récurrent en Gaule:

les *Urc* prononcé / uoc / uorc /.

Le deuxième élément -*conti* OU -*onti* signifie "peuple".

Pour -*conti*, on peut le rattacher à *cen*- dans *Cenomanni*, paradigme qui contient le grec *koinos* = commun; angl: *county*.

Il semble que le latin: *concieo / concio* = assembler (supin: *concitum*) en fasse partie, avec l'adjectif: *cunctus* = tout ensemble, tout entier.

Voir aussi *cond*- dans *Condate*, ancienne appellation de Rennes (cf *Redones*);

Pour –*onti*, nous avons déjà vu fréquemment l'élément -*on / un*-, qui comprend le FR: *unité* ET l'angl: to *unite*= unir.

Le *Vaucluse* signifie "qui assemble les Urc" "le territoire des Urc" > Uorc-close.

FR: un *clos* = un terrain délimité par des murs ou des haies; ancFR: *cloison* = enclos, enceinte, *clotis* = enceinte.

Il semblerait que l' appellation "Vaucluse" pour le département daterait seulement de 1793 (Moreau). Les linguistes le font venir du nom latin de la source de la Sorgue *Uallem Clusam* , en 1034 (la Vallée Close), qui devint en français: la Fontaine de Vaucluse.

Même si le site est extraordinaire avec sa résurgence, il est surprenant de donner ce nom à toute la région...

L' ethnonyme *Urc*- est un des plus prolifiques dans le monde.

<u>un peu de phonétique</u> (sans laquelle vous ne comprendrez rien !):

Veuillez intégrer le fait que les phonèmes gutturaux ont parfois été prononcés *r / rk / k / lk /* etc...

Les *Urc*- existent sous de multiples formes de par le monde:

- **Ac,** voir *Aques*

-**Aequi** = peuple du Latium = les Eques

-**aire** = homme, en irlandais médiéval

- **Aques** (== *Arques**)** < dans le nom de région: *Aquitania* < où résident les *Aques* (-*tania*; voir FR: *tanière*; ancC: *san*, gaulois: *dun*, angl: *town*, etc...).

-**Ari / Ares** , dans l' ethnonyme les *Cauares* < qui assemble (cau-) les *Ares*

- **Aru** < véritable nom du peuple des *Aruerni* (Auvergne) < Aru-arn = qui as-semble les Aru (-*arn* est connu par ailleurs)

-**Ârya** (Inde) == *Arci

-**Eques**

-**folk / volk** = signifie "le peuple" en anglais et en allemand < les hommes.

- **Hawk** = faucon en anglais, repris de manière erronée pour de nombreux noms de tribu (hawk == olc / uolc)

-**hires** = hommes, en ancien Celtique

- **herr** = monsieur, en allemand

 -**herry** = homme, en ancFR

-**Hurons** (Amérique du nord)

-**Or-** < à l'origine du toponyme Orange (Vaucluse)

-**Uauc** < à l'origine du nom de la région d' Orange: le Vaucluse (qui assemble –*cluse*- les *Uauc*)

- **uir** = homme, en latin == uirc-

- **Uoc-** < du nom de peuple les *Uocontii* (peuple gaulois entre le Rhône et la Durance) = les Voconces < Uoc-cont- = qui assemble les *Uoc*. Voir le latin: *concieo / concio* = assembler < *conts-ya. Etymon qui aussi donné: un com-té, etc...

- **Uolcae** = peuple de la Narbonnaise

-**Uolcentini** = peuplade étrusque

-**Uolciani** = peuple d' Espagne

A cela, il faut ajouter les fricatives (*r, g, c*) qui peuvent donner l' illusion qu'elles sont des gutturales:

par exemple:

ar > gar / rar / har / gaur / raur / haur / etc...

Il faut par exemple penser au PTN: *Rare*, etc...

<u>Noms de personnes antiques:</u>

Voir à *Cadurci*.

<u>Noms de familles actuels courants depuis Avignon jusqu' au Vercors</u>
Achard < Arc-hard = descendant de Arc-o
Armand < Ar-man = descendant de Arr-o
Aubert < Ari-bert / Allibert = descendant de Arr-i / All-i / Arl-i
Barret < ab-Aranti- / ab-Arti-us = fils de *Areti
Béguin < ab-*Ergin (Eregini-) = fils d' Eregini-
Bouchet < ab-Oxeti- = fils d'Oxeti-
Duc < d' Ucc-o
Eyraud (Eyrard) < Er-ard = descendant de Er-i / Aer-i
Faure < af-Auri = d' Auri
Fargier < af-Arg-ier = de Aregi-us
Ferrier < af-Eri-us = d' Eri-us
Fournet < af-Ur-nat = de Hornat-us (fils de Aur-)
Fournier < af-Uranius = descendant de Uranius
Froment < af-Ro-man = de la descendance de Arro
Grégoire < greg-Uir-o = famille de Uir-o (latin grex –gregis) = troupe, secte
Hours < Urus
Hugues < Uccus
Jaubert > comme Aubert
Marcellin < am-Arci-lin = de la lignée de Arci
Marcon < am-Arco = descendant de Arco
Marin < am-Arin-us = descendant de Arin-us
Mure < am-Ure = descendant de Urii
Vernet < Uer-natus = descendant de Uer-o

<u>avec fricatives:</u>
Brochier < ab-rAurc-jiar = fils de *rAurcirix (Aucirix)
Garay < gArei
Garcia < g*Arciatus < Arci-
Garcin < gArcan-us
Giraud / Girard < gUir-ard = descendant de gUir-o
Grand < gAur-and = descendant de Aur-i (voir gallois: *gŵr*)
Gras < gUrassi- (Ur-atsi)
Grenier < gUrani-er = descendant de Urani-us

<u>autres noms de familles intéressants mais non-localisés</u>
Amour < am-uR = descendant de Ur-us

PEUPLES

groupe **uii / bii**
Ambiani
men-**Apii**
Bai-ocasses
Uidu-casses (**Uii**)

groupe **nr̥ / ntur-**
Neruiii
Tur-ones
Tri-casses

groupe **ann-**
Andes

groupe **abran-**
Abrin-cates

groupe **at-**
atreb-**Ates**
Red-ones (**Hed**-ones)
uen-**Etes**

groupe **ar- / uar- / urc**
Aru-erni
cad-**Urci**
Corio-solites == *****Hauri**-osolites
tre**Ueri**
Uoc-contii == **Uaurc**-contii

groupe **man**
ceno-**Manni**

groupe **el-**
un-**Elli**
Uelio-casses

INDEX

phonétique
/o/ dans les jonctions de composition   > les Baiocasses
décomposition > 1e- amuïssement des voyelles d'un mot et vice-versa

FR
préfixe *re-* > la fricativité du souffle
raffermir > la fricativité du souffle
rondement > la fricativité du souffle

expressions françaises
être sur les dents > la fricativité du souffle
rondement > la fricativité du souffle

ancFR
herry = homme > Lebel - noms gallo-germaniques
orghele   > suite du préambule 1 sur Aregenua

anglais
brain > Abrincates

gallois
mutation nasale (nasalisation) > les Cenomanni-un peu de phonétique

grec
koinos > Cenomanni

latin:
grex (gregis) > Uocontii-noms de familles

<u>**sanskrit**</u>
brahman > Abrincates
nṛ > Tricasses

<u>**NL**</u>
suffixe *–ac* > Lebel- les noms de personnes latins dans la toponymie française
Argentan > préambule 1e
Corneilhan > Lebel- les noms de personnes latins dans la toponymie fran-
çaise
Croix-Rouge > 1b la fricativité du souffle
Croix-Verte > 1b > la fricativité du souffle
Erquy > Coriosolites-noms de familles
Rocher des *Aures* (Drôme) > Coriosolites
Rougemontiers > 1b la fricativité du souffle
Vaucluse > Uocontii

<u>**anthroponymes**</u>
différences entre prénoms et noms de familles > 1d- la systématisation des
aphérèses
élément germanique *hari- / her-* > Lebel - noms gallo-germaniques
suffixe germanique *-ing* > Lebel - noms gallo-germaniques
suffixe *–uin* > les Andes

Ademarus > Lebel - noms gallo-germaniques
Chlodo- > Lebel - noms gallo-germaniques
Claude > Lebel - noms gallo-germaniques
Feuardent > Andes
Neige > Tricasses
Nougaro > préambule 1b
Robert > 1d- la systématisation des aphérèses
Skip (FNM anglo-saxon)
Uercingetorix   > 1d- la systématisation des aphérèses

<u>**noms de peuples (ethnonymes)**</u>
élément ethnonymique: /cass/   >2- ignorance des noms de peuples gaulois
élément ethnonymique: /gau/ cau / co/ > les Andes
suffixe *–uin* > Andes

Anglais > 1e- amuïssement des voyelles d'un mot et vice-versa
Attacoti > 1c- l'origine dentale de nombreuses sifflantes (et chuintantes)
          > Quelques généralités sur les ethnonymes
Aztèques > Tricasses
Dravidiens / druides > Tricasses
Gaëls > Unelli
Parthi > 1c- l'origine dentale de nombreuses sifflantes (et chuintantes)
Perses > 1c- l'origine dentale de nombreuses sifflantes (et chuintantes)
Scoti > 1c- l'origine dentale de nombreuses sifflantes (et chuintantes)
          > Quelques généralités sur les ethnonymes
Ueliocasses > Unelli

chercheurs
Jean FAVIER > Lebel - noms gallo-germaniques
Claude Lévy-Strauss > quelques généralités sur les ethnonymes

Pour réaliser cette étude, j'ai dû démonter un à un les arguments fallacieux des théories passées des onomasticiens sur les noms de peuples antiques et sur les noms de familles passés et actuels.
Les grossières erreurs passées proviennent, comme toujours, d'une lecture bâclée et académique du latin, et de sa phonétique, inchangée depuis Gaffiot, soit depuis presque un siècle, puisque l' institution ne se préoccupe pas de rechercher la vérité puisqu' elle la détient toujours...